つれあいと行く

異国阿房列車《とつくにあほうれっしゃ》

竹内伝史

風媒社

ブレッド湖(スロベニア) にて

ドブロブニク(クロアチア)、階段のある街

スプリット(クロアチア) の遺跡建築と南国風味

ザグレブ(クロアチア) 旧市街地の一角

玉山の日の出
（台湾・阿里山の祝山駅より）

台湾・九份の商店街

旧花蓮港神社の高台から花蓮の街を望む

（上左）「ザ・ロイヤル・ハイランド」ホテルの正面階段にて（インバネス）
（上右）インバネスの街（スコットランド）

コッツウォルズの水郷風景（イングランド）

路面電車のある風景(ニューオリンズ)

ビーコン・ヒル(ボストン) 寸景

サンチャゴ・デ・コンポステーラの大聖堂は修復中(スペイン)

ピョートル大帝の離宮（ペテルゴフ）、宮殿から「下の庭園」を見る

オランジュリー美術館（パリ）の「モネの部屋」にて

マレ地区（パリ）寸景

つれあいと行く異国阿房列車——目次

Ⅲ 消えゆく阿房列車風味、大ブリテン縦断の旅　

VI　念願の奥バルト・ロシア・欧州連絡阿房列車　227

まえがき

定年退職を機に「異国阿房列車」を上梓して10年が経った。その後もほぼ毎年、元祖「阿房列車」の内田百閒先生に倣《なら》って、用のない列車乗り周りの旅を繰り返している。昭和初期の百閒先生と違って、こちらは異国の名立たる列車に乗ろうという算段だが、この期に及んで、外国一人旅が不安になり、一方外国出張の口実もなくなったので、若かりし頃の贖罪もかねて海外旅行は夫婦で行くことが常になった。名付けて〝『つれあい』と行く異国阿房列車〟である。百閒先生の「つれあい」は、かつての教え子の鉄道マンであるが、その点が当方は少し違って、撮る写真がカラーになったように少し色がある。その分、「つれあい」の好みに配慮するなどそれなりの気遣いも要るが、当方は列車にさえ乗れればもとより「用のある旅」ではない。そろそろ年が気になる我が身にあっては、「つれあい」は結構心強いものだ。「旅は道連れ世は情け」なのである。

私事にわたるが、わが夫婦は2020年が金婚式で、記念に世界一周とまでいかなくとも、一つ大きな列車旅行で「異国阿房列車」の続編を著したいと思っていたら、世を挙げての「新型コロナウィルス」騒ぎとなり、身動きが取れない。替わりにこの10年間に書き溜めた「私家版阿房列車」をまとめ、外出自粛の日々を出版の企画に費やすことになった次第である。
この10年は、出版界にとっても大変な状況変化があったようで、趣味で本を出そうとする者にとって、刊行の難関はいよいよ険しくなっている。新型コロナウィルス禍も出版業界の苦境を深めているようだ。そんな中で、風媒社の劉永昇編集長には「なにはともあれ、これは出しましょう」とこの度もまた激励、ご奮闘いただいた。感謝のほかはない。
なお、初めて拙著「異国阿房列車」をお読みいただく向きには、この「阿房列車」の名の意義について、先の拙著などから引用して以下に説明を加えておく。

【「阿房列車」解題】

『阿房列車』とは大正・昭和の激動の時代を斜に構えて書きつづけた名文章家、内田百閒が、こよなく愛する名列車の戦後復活に便乗し、只々その楽しさをそこはかとなく書き綴った列車紀行に与えた愛称である。「阿房」とは「阿呆」と全く同義である（秦の始皇帝が造営したバカバカしいほどに大きい宮殿「阿房宮」に着想か）。この表題の解説を兼ねて、1951年第1号阿房列車である『特別阿房列車』を百閒は次のように書き出している。

阿房と云うのは、人の思はくに調子を合はせてさう云ふだけの話で、自分で勿論阿房だなどと考へてはいない。用事がなければどこへも行ってはいけないと云ふわけはない。なんにも用事がないけれど、汽車に乗って大阪へ行って来ようと思ふ。

この「阿房列車」に魅せられた者は有名人から市井の人まで数知れず、後に阿川弘之が外国列車紀行を題材に幾つかの「南蛮阿房列車」（1977、新潮社）を発表して、この主題と呼び名をさらに有名にした。その1章「欧州奇人特急」から氏の百閒先生への傾倒振りを紹介しよう。

内田百閒先生が最初の阿房列車に筆を染められてから四半世紀の時が経ち、亡くなられてからでもすでに五年になるが、あの衣鉢を継ごうという人が誰もあらわれない。生前、お近づきは得なかったが、泉下の百鬼園先生に、「貴君。僕にも『贋作我輩は猫である』なる作物がある。二代目阿房列車が運転したければ運転しても構わないよ」と言われているような気がしないでもない。

また、高度経済成長後の鉄道紀行といえば、宮脇俊三（1926～2003）が有名である。1978年、突然勤めの出版社を辞めて「時刻表2万キロ」を発表、紀行作家に転進した。彼の作風は阿川大人とは少し違うので、「阿房列車」を意識してはいないのかと思っていたが、シベリア紀行の参考にさせていただいた折に調べたら、「汽車との散歩」（1987、新潮社）の内の「阿房列車讃歌」に次の記述を発見した。

30年以上も昔のこと、『特別阿房列車』のあの条り（上述）に遭遇して、…私は驚いた。いまこそ鉄道ファンの存在は世に知られ、尊敬はされないまでも一応の市民権を得ているが、当時はそうでなかった。いい齢をして汽車ポッポが好き、愛読書は時刻表、などと言えば知能の発育を疑われかねなかった。……自分だけの恥ずかしい密かな楽しみであると思っていた「汽車」が風格のある文になっている。そのときの気持ちは複雑だった。感服と安堵、それに若干の羨望嫉妬が混じったように思う。……

それが昂じて、麹町六番町のお宅まで行ったことがある。……例の「世の中に人の来るこそうるさけれ、とはいうもののお前ではなし」の貼り紙を見ただけで満足して引返した。

元祖、内田百閒先生と同時代に生きた人たちが羨ましい。宮脇氏など、編集者と後輩作家としての二重のお付き合いである。遅れてきた私は、記録を繙いて内田百閒先生の人柄と事績を学ぶよりほかはない。

内田百閒とは、1971年に82歳で没した戦後有数の名文章家である。中学時代から夏目漱石に師事したとされるが、その諧謔味のきいた洒脱な文体はなるほどと思わせる。百閒の研究家、内田道雄は百閒を次のように紹介している（新潮日本文学アルバム、「内田百閒」1993より）。

内田百閒。本名栄造。別号百鬼園、その他。人は彼を詩琴酒の人と呼び、また彼を文章道の達人と称え、或いは彼を借金王と戯称し、時にはその風貌をとらえて哈叭《かっぱ》道人と名づける。汽車好きの童心の持主でもあり、戦災生活の名人でもあり、三畳御殿に君臨する精神的貴顕の風を示しもした。

しかし私より若い世代にも、内田百閒のファンがいない訳ではない。奇しくも昨夜、「ラジオ深夜便」（ＮＨＫ）で秋元康が山口百恵を語るのを聞くに、「デビューの頃から彼女には一風変わったオーラがあった。なにせ16歳の少女が、〝私は内田百閒が好きです〟なぞと言うのだ」と語っていた。だからどうと言うのではないが、この小論を書いている折、こんな話を聞くことで、百閒先生との縁がより深まったように感じるのである。

【以上、原典は拙著「異国阿房列車」（風媒社・２０１０年）と、同書を用いた講演（朝日カルチャーセンター、２０１０・10など）用に作成した小冊子「阿房列車演義」で、これらより転載・再構成した】

阿房列車の走行地帯　全図

I　列車で往くバルカン西岸の世界遺産都市

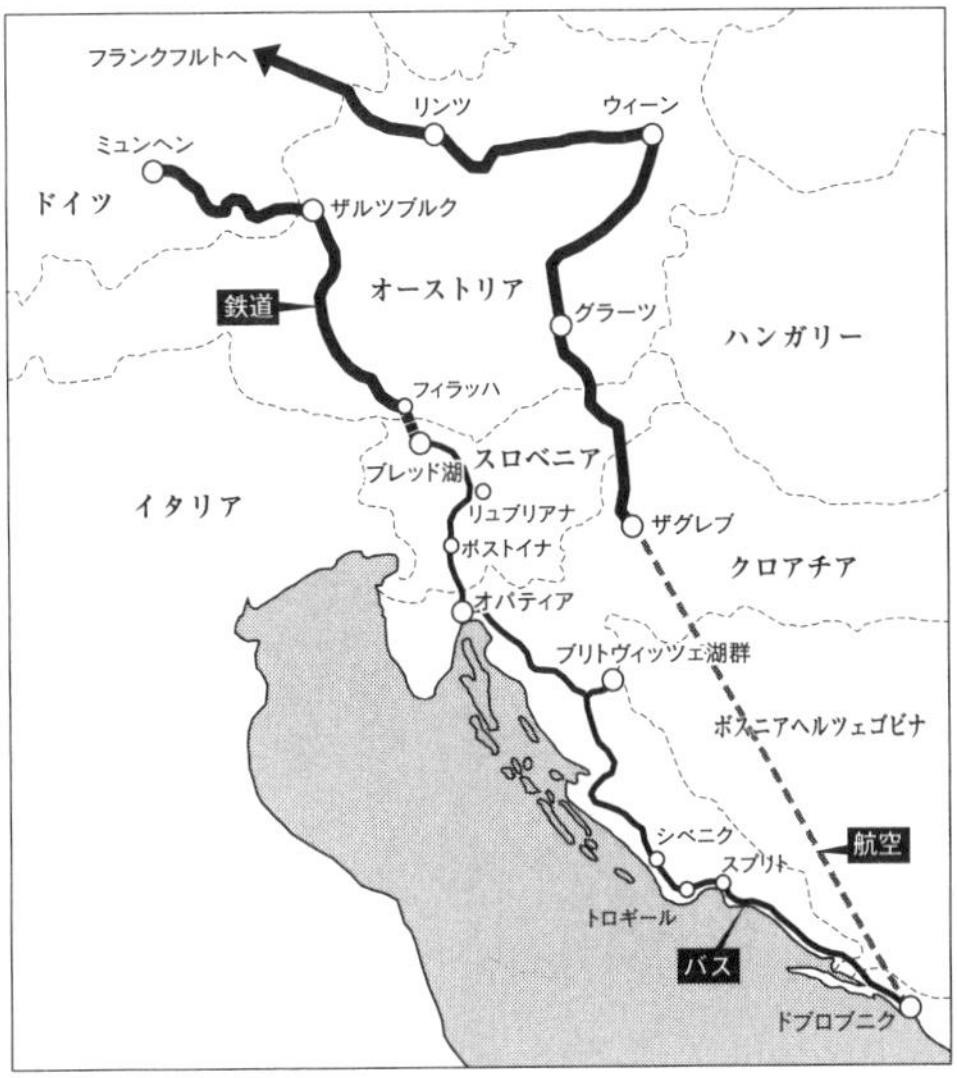

長い序
―阿房列車は「ランドオンリー」で

内田百閒元祖でも阿川弘之大人でも、先輩の「阿房列車」には荷物扱いの苦労が出てこない。彼らはいわゆる大名旅行で、一等車に乗るだけではなく、常にポーターを利用しているのであろう。翻って私など、つれあいとの旅行はいつも7役兼務でポーターは私である。二人分を一つにまとめた大型のスーツケースの取り扱いをあらかじめ考えておかねばならない。荷物の一時預けは、めっぽう高い手数料を取る。階級社会は残っていても人件費はそれなりに高くなっているようだ。

　こんな時、日本の旅行社が組んだパックのバスツアーは便利である。荷物は原則として荷造りの組解と自室前の廊下まで運び出せば、後はホテル側とバス側の職員がやってくれる。携行品の類も車内に置いておけばよいから、観光は貴重品のみを携えて身軽に行動ができる。しかし、バスツアーをしていては列車に乗れない。それに、日本人ばかりの団体旅行では、現地の人々とのふれあいがなく、「阿房列車」にならない。

　そこで、私が考え出した妙手が「ランドオンリー」の活用である。名古屋から彼地の空港までの往復航空便は自分で手配する（もちろん、馴染みの旅行会社に頼むのだが）。着いた都市の中央駅から、目的の列車をいくつか乗り回す切符とホテルの手配は自分で段取りをして、うるさく旅行会社に指示をして予約させる。この列車旅行の旅に満足した（疲れた？）頃、そこから日本の旅行会社催行のバスツアーに載るのである。もちろん、帰国の途は、その前夜のホテルでツアーの一行に離団の挨拶をして、自分の決めた航空便のターミナルに向かわねばならない。

　この旅行契約、彼地の国内ツアーのみの旅行商品を買うことを「ランドオンリー」と言って、この頃はどの旅行カタログにもこの値段が表示してある。これだと、数多い首都圏客向けの旅行商品を利用しながら、出入国は中部国際空港（セントレア）にこだわることも可能になる。

　結婚40周年記念の事業として、アドリア海沿岸の歴史遺産都市を訪ねたいとは、つれあいと兼ねてより話していたところだ。ちょうど成田発の「クロアチア・スロベニアハイライト9日間」という好個の商品があったので、この中間の7泊6日だけを買うことにした。スロベニアのブレッド湖畔のリゾートホテルで一行と合流し（2010年10月9日夜）、バスでプリトヴィッツェ湖群国立公園などの自然遺産とシーベニック、スプリト、ドブロブニクなどの都市を巡る世界遺産巡りのバスツアー。最後はザグレブで市内観光の後、16日早朝に一行と別れる。ドブロブニクからザグレブへは航空便を使うことになっており、その費用は別途負担しなければならない。パック料金はあくまで「ランド」オンリーだからということだ。

我等二人はセントレアをゲイトウェイにフランクフルト経由ミュンヘンに飛び、ミュンヘンからレーチェ・ブレッドまで（5時間）と、ザグレブからウィーンを経てフランクフルトまで（16時間）の列車の旅を組み込んだ。ウィーンからの列車はＣＮＬという欧州鉄道自慢の寝台列車である。阿房列車の旅としては、若干卑屈に過ぎるとの誇りも免れないが、元祖阿房列車の内田百閒先生だって、旅先ではタクシーに乗っている。それにバルカン半島の西岸の港町都市の間には鉄道がない。断崖がアドリア海に落込むリアス状の海岸なのだ。ともあれ、世界遺産都市巡りと阿房列車の旅の融合の成果をご覧に入れる。

トラブルつづきの欧州列車旅行

ミュンヘンは今日も寒かった

時は10月の8日である。この頃のミュンヘンが相当寒いことは分かっていたつもりだが、ホテル・チェックインの後、遅い夕食のために、夜霧をついて立ち寄ったミュンヘン中央駅のレストランは改めて寒さが身に沁みた。

フランクフルトで乗りついでミュンヘン空港に着いたのは18時半。セントレアからスルーサービスの手荷物を見付けると、取手が剥がれてなくなっていた。この旅でお払い箱にしようかと思っていた老朽カバンではあるが、ものは試しと手荷物クレーム受付窓口に届け出た。随分待たされた挙句、大柄な黒人の男性係員が対応してくれた。

「そのカバンは買って何年になるか」「15年くらいかな」「それじゃまずいぞ、10年くらいにしておけ」と言ってウインクする。「ああ、そうだった。10年弱だ」と私。「その時、いくらで買ったか」「多分、400ユーロくらいだったと思う」「そんなに高いのか、ちょっと待て」。書類は全て彼が書いてくれて、私はサインをするだけ。上司の決済が要ると、しばらく待たされたが、何と彼は現金を持って現れた。「古いから、残存価格は20％だ。この領収書にサインしてくれ」と言って80ユーロの紙幣を渡してくれた。驚いた即決サービス。しかも客の言を全く信用した素晴らしいルフトハンザ航空のサービスだ。これで両替の手間も省けた。
明朝は8：27発のEC211列車サバ号ベオグラード行きに乗らなければならない。発車番線を確認して、夜霧が白くなって路面を吹き荒ぶ中、駅前道路を横断してホテルに飛び込んだ。

乗るべき列車が二つある

（写真1-1）ミュンヘン中央駅のコンコース

翌早朝の駅は、もっと寒かった。始業早々のホテルの食堂でビュッフェ式の朝食を済ませ、一気に駅のホールに駆け込む。濃霧で列車が動かないことはないだろうが、天気はどうなるか予断を許さない。駅の写真を撮りたくて少し早めに駅に来たのだが、7時半というのに街は未だ薄暗く光量不足だ。仕方がないから、あかあかと照明された駅のコンコースやホームの写真を撮る。つれあいは、もう賑やかさを増しつつある大きな売店で、車内で食べるらしい菓子や果物を物色する。これを、荷物番と交代でやる。二人連れの旅のメリットである。（写真1―1）

列車は未だ入線しない。発車予定の番線には、EC111

列車、クラーゲンフルト行8：27発と標示が出ている。ここに少し問題がある。我等が乗りたいのはEC211列車サバ号、ベオグラード行だ。しかし手元のチケットには列車番号111とあって、ちゃんとスロベニアのレーチェ・ブレッドまで行くと書いてある。クックの時刻表には、EC211とEC111が同時刻に発車することになっており、前者が欧州鉄道、後者がオーストリア鉄道の運行である。いずれも、ここミュンヘンからザルツブルグを経てフィラッハ（オーストリア）までは同じ経路である。二つの解釈ができよう。その一は、二つの編成が連結されていて、フィラッハで分割して、それぞれの方向に向かうこと。いま一つは、どちらかが、フィラッハで乗り換えになるもの。この場合、どっちがどっちかが大問題。要するに我々はフィラッハで眠っていてもいいのか、降りなければならないか、である。

そこへ、オーストラリア鉄道の111列車が入ってきた。車輛番号はチケット記載とちがっているが、一等車は1両しかないから、ともかくそれに乗るしかない。座席番号は35と36。そこにはちゃんと我等の名を記した座席票が入っていた。

乗った途端のハプニング

列車阿房の発車間際は慌《あわただ》しい。カメラを持ってそわそわ、そわそわ。座席に座って車室を見まわしたり、時計をみながらホームに降りたり。つれあいが「もう発車するよね。トイレを使ってもいいよね」と言って立って行ったのは覚えている。「この列車は垂れ流しじゃないから停車中でも大丈夫」ぐらいは答えたかも知れない。列車が速度を増し、私が「あいつ、何をしに行ったのか」と思いだした頃、つれあいが蒼い顔をして戻ってきた。「あ〜、今ね、大変だったのよ」と言う。トイレの鍵が中から開かなくなった、という。逆に外から閉められた、と言うべきか。どうやっても開かない。非常呼び出しベルも見当たらない。携帯電話も未だ使い方を調べていないから上手く繋がらない。大声を出すにもドイツ語は知らない。随分、長くドアを叩いていたのだという。ようやく車内を歩き回っていた少年が、その音に気がついて外から鍵を開けてくれたのだそうだ。

私は久しぶりの欧州列車に気を奪われ、それほど時間が経過したとは思わなかったが、閉じ込められた当人は大変だったろう。何の因果でこんなことになったのか、瞬時、おのが半生の反省にまで思考が及んだのではないか。全くご同情の限りではある。それにしても何の欠陥がそんな事故を呼び起こすのか。これがJRであるならば車掌を呼んで注意の喚起ぐらいはするけれど、当人もその時は恥ずかしいから、そこまでは要求しない。第一、その少年のいたずらということも考えられる。つれあいはしばらくトイレの鍵が怖くて懸けられないといっている。

こんな騒ぎで、車窓に眼がいった時には、すでに郊外の林の中を列車は走っていた。相変わらず霧が深い。時々黄葉の林間に別荘風の建物が見える。列車は快調に走っている。このあたりは、ミュンヘンとウィーンを結ぶ、欧州鉄道網中有数の幹線だ。そこを、優等列車の一等車で旅をするのは心が弾む。女性車掌が検札に来た。早速、列車運行の疑問を投げかける、という間もなく、車掌は「貴方たちは、フィラッハで乗換えになります。ＥＣ２１１列車に乗り換えてください」と答える。「こちらの列車が遅れても大丈夫か」と聞くと、「ザルツブルグ以後の車掌に聞け」という。これは多分、ドイツの車掌だ。面倒なことはオーストリアに入ってからにしてくれ、ということだろう。何か問題がありそうな、厭な予感を残して、車掌は去った。こんな場合でも「よい旅を」と言い残して。

ザルツブルグのショック

列車番号は若い方が上級列車であることは世界の鉄道の常識である。この１１１列車はクラーゲンフルト行で、間もなくドイツ国境を過ぎれば、オーストリア国内ばかりを走るから、国際列車の標示であるＥＣ（欧州鉄道）の列車記号を掲げて走る区間は少ないが、車速といい車輌の雰囲気といい、十分に上級国際特急といえる。９：15、８分遅れでローゼンハイムを発車した。やはり濃霧の影響で少し遅れているようだ。右手に湖が広がる。林の陰の水辺にボート小屋がある。この辺り、バイエルンの海とも呼ばれる夏のリゾート地で、車窓左手のキーム湖はルートヴィッヒ二世のゆかりの地でもある。

（写真1-2）独・墺国境の村

列車は快調に走る。１００km／ｈは優に超えているだろう。私の眼が走り去るキロポストを追えなくなっている。10時近く、霧が晴れて陽が差し始めた。吉兆である（写真１―２）。これからアルプスに向かう。樹々の紅葉は紅というよりも黄葉である。露を宿してキラキラと輝く。畑地では飼料用コーンの収穫の時季だ。と、線路の保守作業で単線運転区間に入った。左側通行で徐行する。車掌のアナウンスがあって、ザルツブルグ到着は23分遅れだという。フィラッハの乗換えは大丈夫だろうか。

ザルツブルグはモーツァルトの街。つれあいとは7年前に訪れたことがある。車室を出て通路側の窓に二人並んで懐かしい景色を眺める。降りていく日本人客に、「ここは良い街ですよ」と声を掛けたくなる。

ザルツブルグを出ると、列車は南に向きを変え、本線を離れる。車窓に突然、岩肌の山岳が見え始める。上空には青空が広がって白い雲が浮かぶ。絶好のアルプス日和だ。気持ちが浮き立ってくる。やはり車掌が替わって、今度も女性の車掌が回ってくる。また検札をするが、それは重大な意味を持っている。フィラッハから国境を越えてスロベニアに入る乗客に、一人ひとり伝えねばならないことがあるのだ。いわく、「フィラッハからスロベニアに入りリュブリアナに向かう線路は、先日の水害で復旧工事中につき、列車運行を休止しています。バスで代行運転をしていますから、フィラッハでバスに乗り換えになります。あなたはレーチェ・ブレッドまで行くのですから、その方面行きのバスに乗ってください」。大変なことではないか。なぜそのことを始発のミュンヘンで案内しないのか。車窓の素晴らしさに踊る気分に冷水を浴びせられて、腹が立つ。しかし怒ってみてもはじまらない。後で分かったことだが、水害で線路が流されたのは、もう数週間も前のことのようだ。日本の旅行社にも、その情報は入っていたはずだ。運休区間の指定券を平然と発行しながら何も情報を提供しない旅行社も酷いものだ。

それより、つれあいが「それだけの話がよく分かったね」と感心している。何、鉄道旅行マニアならこれくらい、と思うが、半分「勘」である。実際素人の旅行者は困惑するだろう。それだけに旅行サービス業はこういった事態への対処法を十全にしなければならない。

ユリアン・アルプスを越えてバルカンへ

やさしいユリアン・アルプス

気分が落着いてくると、再びアルプスの山景の素晴らしさが蘇る。西のスイスのアルプス

（写真1-3）ユリアンアルプスに向かう窓

は何度か訪れたが、オーストリアのアルプス越えは初めてだ。スイスのそれと較べると、ここの岩山は何か丸みを帯びて柔らかい。ユリアン・アルプスという。高さも３０００ｍ級であろう（写真１―３）。

ゴリン・アプテナウを出て間もなくトンネルがあった。高い岩峰が見える。トンネルを出ると列車は高度をぐんと上げ、渓流が線路に沿う。ビショッフスフォーヘンは11：15着。22分程の遅れになった。この辺り、小さな駅がたくさんあって15分ぐらい毎に停まる。バッドガスタインには18分遅れの12時ちょうど着。線路の左下に中層ビルが並ぶ町が見える。温泉で有名な街である。列車は山の中腹かなり高い位置を走っている。ここでも線路工事中で単線運転だ。遅れは回復しそうにない。食堂車に行く。大変気持ちの良い明るい食堂で、フランクフルターの昼食をとる。あまり美味くない。右手に頂に雪をおいた岩峰が見え始める。海抜３３６０ｍのホーホアルムシュピッツェ山かも知れない。

大変景色の良いところに来た。列車は高い所を走り、眼下の谷底の盆地に街が点在する。対面には真青な天空の下、雪山が光る。日本３大鉄道景観というのがある。北海道の狩勝峠と篠ノ井線の姨捨、そして九州は肥薩線の矢岳峠だ。その信州は姨捨の景観と似ている。線路は徐々に下っていくが、しばらくこの景観は続く。

小さなトンネルを繰り返しながら列車は盆地に下りていく。もうフィラッハが近いのだろうと、荷造りの準備をすべく、すでに一つ把手のとれたスーツケースを持ち上げたら、もう一つ残った把手も抜けた。すべての荷物を座席に出して、携帯用工具で修理をした。トンネルを通るたびに暗くなって手元が狂う。全損扱いで80ユーロもらったカバンだから本当はそれ以上壊れるはずがない。したがって直るはずもないのだが、直った。しかし、この間フィラッハに着くまでの20分、車窓に何が見えたか全く知らない。

代行バスで超える国境

フィラッハには13：00に着いた。18分の延着だが、乗り換えるのは代行バスだから、全く問題ない。しかし、何かと緊張もしていて、発車して行く列車を見送るのを忘れた。駅前は普通、裏と表の二つある。どちらがバスの待っている駅前かわからないが、たくさんの客が向かう方向に行くと、一枚の張り紙で案内があった。目の前には数台のバスが停まっているが、前面ガラスに貼ってある行先表示が読み難い。一番手前のバスは「ヴィエンナ」と読めた。これはいけない。ウィーンに行ってしまう。二番目のバスの前に立っている男に「レーチェ・ブレッドに行きたい」と言うと、向こうだと指を差した。二台目の陰にもう一台停まっていたのだ。腫れ物に触るようにして、バスの腹にスーツケースを納め、リュックを抱えてバスの座席に納まった。

バスは高速道路を走る。国境検問所はあるがノンストップ。景色が猛烈に良い。広い盆地で、遠景に雪の連山。近くには尾根にハイキングトレイルの見える岩山。エーデルワイスの花も見えそうに近く見える（写真1－4）。国境を越えると、バスは小まめにインターをおりて鉄道の駅に立寄る。線路は新しいバラストの建設工事中で、相当大変な、しかし相当以前の水害であったことが分かる。相前の駅からは下道の街道を走ってレーチェ・ブレッドの駅の前に着いた。到着したとたんに駅舎の正面を見るのは可笑《おか》しなものだ。その駅前にはローマ字で私の名前を大書した紙を持って、手配のリムジンの運転手が待っていた。彼も、駅舎を背にしている。

迎えのリムジンは約束の時刻よりも半時間程長く待ってくれたはずだが、不貞腐《ふてくさ》れることも

（写真1-4）スロベニア国境の山

なく、機嫌よく案内しながら車を走らせる。源流部のサバ川を渡った。本来なら乗るはずだったEC211列車の愛称に採用されている川だ。首都リュブリアナを流れ、大河となってクロアチアの首都ザグレブを潤した後、ドナウに合流して黒海に注ぐ。

14：15、無事、ブレッド湖畔のホテルに着いた。部屋の点検を終えた後、湖畔の散歩に出かける。ツアーの一行が、このホテルに着くのは深夜になるだろう。夕食は自分たちだけで食べることになる。

夕方の湖畔散策

ブレッド湖の景色は素晴らしい。絶景というのではないが、心なごむ、そして心に沁みとおる美しさだ。湖上に浮かぶ島の教会も、そこに至る手漕ぎの舟も、湖岸の岸壁上に聳える城砦も、明朝のツアーで訪ねることだろうから、今はこの景観を心ゆくまで楽しんで湖岸の散歩に専念する。湖面には白鳥が浮かんでいる。遠景の雪のユリアン・アルプスが輝く。リスが走りまわる林間では焼き栗の露店が出ていた。つれあいは日本の天津甘栗より味は落ちる、と言っている。木製テラスのオープンカフェで飲んだコーヒーも、それほど美味という程ではない。それでも、これらはいずれも風景に見事にマッチしている。観光産業とは、これらすべてのトータルコーディネートが大切なのであろう。

（写真1-5）ブレッド湖の夕景

小高い丘の上にある教会を訪ねていると、陽が傾いて寒くなった。湖上の孤島に通う舟も今日の運行を終えたようだ（写真1−5）。街なかにあるホテルのテラスで、有名なクリームケーキを食べた。大きいから二人で一つ、とても美味しい。夕暮れが近づいて歩いて帰る道の両側の山荘風の家々には灯りが点《とも》り暖炉に火が入ったようで暖かそうだ。これらの建物はいずれもペンションやホテルであることが分かった。レストランもある。夕食はホテルに頼んだが、こちらの方がよかったかもしれない。

バスで巡るアドリア海岸の世界遺産

バスの旅

ブレッド湖からクロアチア南端の飛び地、ドブロブニクまで5日間、全行程お仕着せの貸切バスで巡る。バスは高性能で乗り心地のよいハイデッカーだが、あまり豪奢でなく感じがよい。多分、西欧のどこかのメーカーの製造であろうが、世界中どこでも似たような車輌になるのが、バスのつまらないところだ。グローブボックスにたくさんのペットボトルが入る冷蔵庫が付いていて、いつでも1ユーロで購入できる。運転手君の小遣い稼ぎらしい。ツアー一行は作夜、オーストリアのクラーゲンフルト空港からこのバスに乗って来ているので、我等夫婦は遅れての参加だが、現地ガイド用の最前席の次が空いていたので、これを占拠した。前席の背を倒して貰えば、前面展望が効く。列車の旅ではこれは望めない。

(写真1-6) 波騒ぐアドリア海

5日間の行程は、ブレッド湖畔を発して、まずは内陸に入り、ポストイナの鍾乳洞を見る。このバルカン半島の西部はほとんど石灰岩でできていることの証を見た。国境検問所でパスポートチェック（車内）と両替をして一路海岸に戻ると、クロアチア海岸。イストラ半島の根元にあるリゾート都市、オパティア。中央ヨーロッパで最初期の海水浴場という。ここで一泊。

2日目は、リエカ、セニエと、右手にクルク島の横たわる海岸を走る。水面に三角波が立つ。アドリア海岸の風は荒れるので有名。北風はゴーラ、東風はユーゴそして南風をシロッコという。このシロッコがサハラ砂漠から吹いて来る暴れん坊だ（写真1―6）。そこから内陸に入ってボスニア・ヘルツェゴビナ国境に近い、プリトヴィッツェ湖群国立公園に至り山荘風のホテルに泊。1995年に終結した内戦ではユーゴスラビア軍が占拠、戦場となり、一時期、世界遺産を取り消された経緯がある。ここに至る街道のそこここに弾痕の禍々しい白壁の建物が今も見られる。

3日目は一路海岸を目指す。内陸部がボスニア・ヘルツェゴビナになってしまって、アドリア海岸沿いに南北に細長く伸びるこのあたりのクロアチアの地域をダルマチアという。長いトンネルを抜けると遠くに紺碧の海が見える。日差しが俄然陽気になる。なだらかな山を縫って台地の上をバスは走る。この岩山は多くの場合、海まで張り出し、岸壁として紺碧の海に落込む。ディナールアルプスと呼ぶ山塊であり、南に行くほど険しくなる。その隙間の平地に古い街が拓かれた。この地形ゆえに、鉄道は海岸に沿っては通せない。入江の奥に潜む可愛い港町、クルカを見下ろす。バスは高速道路を外れ、岩山の肩に乗って街々を結ぶ街道を走る。岩山には岩脈の隙間に潅木が生える。往時、パルチザンは、こんな地形を銃を抱えて走りまわったのであ

（写真1-7）ディナールアルプスと海岸の街

ろう（写真1－7）。

ダルマチアの古都はシベニクに始まり、トロギール、プリモシュテン、スプリット、そしてホテルのあるポドストラナと海岸沿いに並ぶ。

4日目はこのツアーの主題の一つ、スプリットの街の見物が午前中。昼食の後は、ひたすらバスで南下し、ボスニア・ヘルツェゴビナの唯一の海岸部を通過し、そこに位置するネウムの町で買物をして、夜のとばりの垂りる頃、いま一つの主題都市、クロアチアの飛び地にあるドブロブニクに到着した。

ハプスブルグ文化のスロベニア

話を今一度、ツアーの出発地ブレッド湖に戻す。レッド湖の美しさは既に述べた。朝霧の中を手漕ぎの舟で島に渡る心地は、まさに神秘そのもの。岩峰上のブレッド城の上から朝陽が差して島の聖マリア教会の頂を照らす。湖岸の林の中に、故チトー大統領の別荘だったという館が森閑と佇む。ただ櫂を漕ぐ音だけが湖面に響く。

ブレッドの街の建物の佇まいも、比較的新しい近世の雰囲気である。元来、この地方はオーストリア・ハンガリー帝国の沿岸リゾート地帯として栄えた。したがって建物なども、ハプスブルグ王朝の特色をよく残している。ブレッド湖畔に漂う、何とも裕福な雰囲気はその文化の現れといえる。深い黄色の壁の色は「テレジアン・イエロー」と呼ぶそうだ。

いまは、イタリア領となったトリエステからオパティアに至るアドリア海岸は、ハプスブルグ文化が地中海に出会うところであった。通貨もユーロがそのまま使え、物価はオーストリアよりやや廉い感じである。

地中海建築の博物館、シベニク

ダルマチア地方は一般に四つの地域に分けて紹介される。シベニク地域はその北から二つ目、古代ローマ帝国から解放され（9世紀）、ハンガリー帝国に併呑される（12世紀）まで、中世初期にクロアチア王国が存立した地域である。シベニクはその沿岸域の中心都市（人口5・5万人）、最初にできた純粋クロアチアの街といえよう。

つれあい好みの種々雑多な小売店、そしてオープンカフェが可愛い。「ここでジェラートでも食べて待っていてくれ」と言うべく振り返ると、つれあいはもうアイスクリームコーンに齧り付いていた。

いくつかの古い教会を見物しながら、狭い中にも幹線的な街路をぞろぞろ歩く。歴史的遺産の建物の前にも、街路の頭上を渡して洗濯物が干してある。建物の基礎の脇に猫のための水呑み場があった。聖ヤコブ（シベニク）教会がこの街の目玉。15世紀に100年かけて造られた

（写真1-8）シベニクの街

（写真1-9）シベニクの旧市街

そうで、ゴシックとルネサンスの独特な組み合わせ方と石板プレハブ工法の故をもって、ユネスコ世界文化遺産に指定されている。昼飯はこの教会を仰ぎ見る海岸プロムナードに面したレストランでスカンピーを食べた（写真1−8、9）。

古代から連綿と続く都市、トロギール

トロギールはカシュテラ湾に面して南に開いている。本土とチオヴォ島とは橋で結ばれている小島全域の街である。旧市街は古代ギリシャ、古代ローマ、中世初期・後期、それぞれの姿を重層的に残しており、今日人口は1万人だが、おしもおされもせぬ世界文化遺産都市である。西の端に夕日を背景にカメルレンゴの砦がある。これなど、塩野七生のベネチア物を読ん

（写真1-10） トロギールの海岸通り（遠くにカメルレンゴの砦）

でアドリア海に魅せられた者にとって、是非とも登ってみたい所だ。ベネチアの商船隊が長い旅を終えて無事帰ってきたことを察知して、本国へ狼煙で知らせた基地であった。しかし、大分遠いから歩いて行っては時が足らない（写真1-10）。よく整った街の商店通りも歩きたい。迷路のような小路を方向を違わず歩くのも楽しいものだ。何よりもロブロ教会の塔に登らねばならない。バカと煙は高い所に登るというが、我等夫婦は異国の街で塔という塔に登り歩くのを常としている。ましてや今日はお仲間もいるようだ。始めの石段は駆け足で、終りの鉄梯子は青息吐息、鐘を見下ろす最上階の桟橋には足が竦んだ。つれあいは高い所には強い（鈍い？）はずだが、お仲間に調子を合わせて「恐い～」と言っている。

ダルマチアの中心都市、スプリト

スプリトはクロアチア第2の都市、ダルマチアの中心都市である。人口は22万人、首都ザグレブから鉄道で結ばれている。東西に突出した一つの半島よりなる都市だ。その南側の中程にスプリト旧市街はある。古代ローマ皇帝のうち唯一生前に退位できたとされるディオクレティアヌス帝の生地であり、退位後に宮殿を構えた土地である。そのディオクレティアヌス宮殿を中心に旧市街地は今や、世界の観光拠点、もちろん世界文化遺産である（写真1－11）。

魚介類を中心とする青空市場が楽しい。また大都市だから土産物店も気取ったものから庶民的なものまで数多い。ネクタイとは元来クロアチアの兵士が着用したものだそうで、今もネクタイ屋さんが繁盛している。チョコレートも良い。我等はイチジク入りの板チョコをややたくさん買った。マイクロプロデューサーという。ガイドの薦める有名なクラーシェのチョコより美味い。

（写真1-11）スプリトの遺跡と街

そして、ここでも大聖堂の鐘楼に登った。今度は我等夫婦以外、お仲間は誰も見当たらなかった。

蘇った世界遺産都市、ドブロブニク

「アドリア海の真珠」とはユネスコのドブロブニク評である。古代ギリシャの時代よりラグサと呼ばれる交易の拠点集落であったこの町は、十字軍の時代にベネチアの版図に含まれたものの、14世紀には自治権を得て都市国家として独立する。15〜16世紀がこのラグサ共和国の全盛期で、それは19世紀初頭にナポレオンに支配されるまで続く。ラグサという地名はイタリア語であるが、1918年にスラブ語のドブロブニク（林苑）に変更された。言い難いから「ドブロクで肉」と覚えた。また、「ドーブロ」はクロアチア語の挨拶の言葉でもある。長く自治独立の都市であったことが自慢である。

城壁に囲まれた海辺の中世の都市が、そのまま旧市街として残っており、1979年に全体が世界文化遺産に登録された。しかし残念なことにクロアチア独立戦争に巻き込まれ、ユーゴ軍の攻撃によって多くの街並が破壊された。ユネスコはこの街を1991〜98年まで、危機遺産に編入した。戦後、鋭意修理が進められ、観光客も今日では旧に復したという。昨年には背後のスルジ山のロープウェイも動き出している。ドブロブニクは甦った世界遺産都市である。現在、人口は新市街を含めて4・4万人になった。

城壁は400m×600mの矩型に近い形で街を囲っており、内湾に面した一辺だけが海に開かれて港となっている。長手（東西）方向の中央にプラッツァ通りが走っており、南北方向には肋骨のように小路が張り巡らされている。山（北）側は階段の多い街だ。路面はすべて石灰岩の舗石で覆われており、歩き古した路面には窪みが目立ち、ツルツル滑る。とくにプラッツァ通りは美しく、夜雨でも降ろうものなら、街燈が路面に映えて、都会の繁華街のように華

（写真1-12）雨のプラッツァ通り夜景

（写真1-13）ドブロブニクの旧市街

やかである。（写真1−12）

　翌日は夜来の雨がいよいよ烈しく、傘をさしても濡れるほどの降りとなった。それは逆に、大聖堂、総督邸、フランシスコ会修道院などの歴史的建造物の内部を、より丁寧に見学するよい機会になった。ポンテ門脇のレストランでは、屋外席のテントからの雨漏りを避けて室内の席に逃げ込んだが、大鍋に山盛りのムール貝の酒蒸しは、ワインとも合って圧巻だった。やはり雨を避けて駆け込んできたツアー同行の若い女性の二人連れと同席できて、より華やいだ昼食になった。

　この昼食前には一時の晴れ間に恵まれ、城壁に登り海側を半周歩き通すことができた。これが高い塔登りの代りである。本来なら山側の城壁半周かスルジ山にも登りたいのだが、ここで再び雨が降り出したのである。しかし、これで中世の商港都市で憧れのアドリア海の温厳両様

の表情を眺めることができたわけである。(写真1–13)

ザグレブ駅頭でオリエント急行を偲ぶ

早朝のザグレブ

未明の起床、未だ暗い空港待合室での弁当による朝食と、異例ずくめの早立ちゆえ空路ザグレブに着いたのは8時前だった。街はまだどこも開いていないから、最初に訪れたのは19世紀末にヘルマン・ボレによって造られたというミロゴイ墓地。なるほどパック・ツアーというのはよく考えるものだ。どうやら好天になりそうな陽光の下、しかし冷たい手をポケットに突っ込んで、次は旧市街の歴史地区。ここは今日ではクロアチアの象徴聖マルコ教会を囲んで政治の中心地区となっている。(写真1–14)

(写真1-14) ザグレブ旧市街の聖マルコ教会

午前中の歴史地区見物と昼食、そしてホテ

ルにチェックインした後は、自由時間。我等の第一目標は、明朝、一行と別れて旅立つザグレブ中央駅の下見である。それも、ホテルの前からトラム（路面電車）に乗って行ってみたい。路線は午前中に入手した地図で確認してある。問題は切符をどこで買うかだ。添乗員に尋ねるのも憚られる。停留所に行ってみると、キオスクがあって切符を売っていた。ゾーン運賃制のようだが中央駅は近いからゾーン1でよいだろう。60歳以上は割引と書いてあるからパスポートの生年月日を示したら、「この割引は市民だけです」と断られた。片道8クーナ（128円）であった。帰りは、駅前の公園（プラスコエ）通りから共和国（イエラチッチ）広場を回って歩いてみよう。

ザグレブ中央駅

中央駅はややピンクがかった黄土色の壁に褐色の屋根を載せた左右対称の豪壮な建物だ。やや霞んだ晴天の空の下、威風堂々と佇んでいる（写真1-15）。駅前広場の歩道にはテントを張って花屋が並んでいて、外国人も交《まじ》えて往きかう人は多い。いかにもクロアチア人らしい背の高い娘たちの笑顔が眩《まぶ》しい。

駅舎の反対側は、名前を覚えにくい四つの広場（ドミスラフ、ストロスマイエロフ、ズリニスコガ、イエリチッチ）が800mほど繋がって公園のベルトが続いている。幅はおおむね100m、真中に銅像や噴水、時には美術館を配して芝生や花壇が広がり、両脇にプラタナスだろうか高木の樹列が並ぶ。まだ葉は色付き始めたところだ。美術館の建物も左右対称の丈の高い3階建て、テレジアン・イエローの壁の上に、緑の丸屋根が載っている。

駅舎の中央は当然のコンコース。正面の白い石壁に焦茶色の木製のようなサッシュを嵌めてホームへの出入口が開いている。その頭上に、これは珍しい紺地の電光式発車時刻表。ここでブルーは重要である。この地にオリエント急行など高級列車の旅をもたらしたワゴン・リー社のシンボルカラーだからだ。ブルートレインという語もそれから生まれた。

(写真1-15) ザグレブ中央駅

ザグレブ駅は20世紀中葉に入って、バルカン半島鉄道網の交差点となった。フランスの会社だった上記のワゴン・リーが、第一次世界大戦の情況下、ドイツ、オーストリーの範域に列車を走らせることを忌避したからだ。したがってホームの構成も立派なものだ。駅舎に繋がる1番ホームを始め、通り抜けのホームが数本あるほか、駅舎の西側に頭端式の二つのホームがある。明朝、ウィーンに向かう列車は、この4番ホームから出ることを確認した。

クロアチア鉄道、オーストリア国鉄、スロベニア鉄道、様々な電車や機関車の出入りするのを見ていると時間が過ぎるのが速い。街中散策の時間も欲しいから、後ろ髪を引かれる思いで駅の出口を出ると左手に白壁の豪華な建物があった。吹き抜けと思しき立端《たっぱ》の高い一階のファサードが何とも美しい。屋根は黒く、小さな破風天窓を並べている。ホテル・エスプラナーデ、かつてオリエント急行の旅客が滞在したホテルである。

オリエント急行

そう、ザグレブといえばオリエント急行である。「オリエント急行」は1883年に初めてパリ・ストラスブール駅（後の東駅）とコンスタンチノープル（現在のイスタンブール）を結んで運行を開始した。後にワゴン・リーを名乗る会社の前身はベルギー人のジョルジュ・ナゲルマケールスという男に率いられていた。オープンデッキ付きの寝台車と食堂車を繋いだ5両編成。当初は線路がトルコまで繋がっておらず、ブルガリアで黒海岸に出て、連絡船でコンスタンチノープルに結んでいた。ようやく近代の様相を呈しはじめ、活発となったヨーロッパ諸国の外交活動を受けて、多くの王侯貴族や外交官（クーリエ）をヨーロッパの中枢（ロンドン、パリ等）からオリエント方面に運んでいた。名付けて、「陸の豪華客船」。

初期にはミュンヘン、ウィーン、ブダペストを経由していたオリエント急行は、上述の理由で大幅な軌道修正を迫られた。ドイツ語圏には対立する運行会社ミトローパも設立された。始めは、ウィーンからトリエステに出てアドリア海を航路でイスタンブールに繋ぐルートも試みられているが、第一次大戦期の中断と混乱を経て、戦後はシンプロン・トンネルを抜けてトリエステに出、リュブリアナ、ザグレブを経てベオグラードで旧経路に結ぶ新しいルートが確立された。「シンプロン・オリエント急行」と呼ばれる。

折から旅行は一般庶民にも普及し、オリエント急行は世界の旅行マニアの憧れの的となった。それには、アガサ・クリスティの名著「オリエント急行の殺人」（1934）の影響も大きかったであろう。そこでは主人公はイスタンブールのシルケジ駅でトリポリから来た旅客を知る。そしてベオグラードから、まさにこのザグレブの間を列車が走る頃、事件は大転回を遂げるのである。こうして、ザグレブはオリエント急行と不即不離の関係となった。

ハプスブルグ帝国、列車の旅

早立ちのザグレブ

またしても本編の文は長くなり過ぎている。先年亡くなった現代の文豪にして戯作者、井上ひさしは自らの長文を戒めて、「島崎藤村になってはならぬ、芥川龍之介に習おう」（絶筆「一週間」（2010）より）と言っているが、私も帰途の阿房列車は快速運行に心掛けたい。秘訣は調べたこと、知り得たことの70％は捨てることだそうだ。それでは私は書くことが何もなくなってしまう。

ザグレブの朝は午前5時半起床で、二日連続の早立ち。ホテルの作ってくれたランチボックスならぬ朝食ボックスを明けやらぬ自室のテーブルで押し込んで、タクシーで駅に急ぐ。発車ホームは調べてあるから、通用口の前で車を降りて、眼の前のホームに直行。ホームには未だ燈火があった。乗るべき列車クロアチア号（EC158）は既に入線しているが、車内灯がついていない。（写真1-16）

7：25、列車は静かに動きだした。ようやく明け放たれた街を往く列車の車窓は、静かな中にも胸が躍る。今日半日の列車の旅だ。街をはずれて朝霧の川面を車窓に見る頃、早速、車掌が来て切符を確認し、ありったけの日本語をまくしたてていった。小さな駅の小停車で乗ってきた女性の係官が、パスポートに出国スタンプを押してまわる。もうクロアチアを出てスロベニアを過ぎるのだ。つれあいは、入国時のスタン

（写真1-16）入線した「クロアチア号」

プをとんでもない後のページに押されたと不平を言っており、前のページを開いて渡したら、今度は順当な場所に押してくれたと満足している。不思議なことに昔から、旧東欧諸国は入出国スタンプを後のページから押したがる。

文化の繋がる国境

左側の車窓に平行して川が流れる。バルカン半島北部のシンボル、サバ川だ。ここでは川幅も大分広くなっている。国境の街はドボバ。2面3線（ホームが2面と線路が3本）の大きな駅で列車は長く停まる。オーストリア（ＯＢＢ）、スロベニア、クロアチアの機関車が混在して停まっている。近距離電車はさすがにここが始発のようである。ＥＵのマークが何か誇らしげに目立つ。4人の若い男性国境検査官が乗ってきて、またパスポートをチェックする。厳ついが何かいいかげんな雰囲気が漂う。8：16、3分遅れて発車した。

街並みが途切れると、車窓は収穫済みのコーン畑。スロベニア側に替った車掌がまた検札に回ってきた。ヒッチコックのような太った男で、何かワーワーと言って行ってしまった。クルシュコという小さな駅に停まる。この駅の手前には葡萄畑があって、その向こうに工場があり公害の出そうな煙を街に吹きかけている。川の向こうには教会が見える。川はゆったりと列車の進行方向とは逆に流れている。こんもりとした森が見える。黄葉がかなり進んでいる。右手に小山、その上に要塞。このあたり、国境駅の大きさにかかわらず、車窓はクロアチアと何ら変らない。結局、この先のオーストリアも合せて、かって長くハプスブルグ帝国に馴染んだ地域だ。今日、国境を隔てても人々のくらしは何ら変らない。文化は繋がっている。

列車は高原状の穏やかな平原に出る。防風林なのか疎林があって、牧場が広がる。農家がポツポツと散在する。立派な館の壁は、テレジアン・イエローだ。やはりハプスブルグ帝国。

スロベニア東部の中心都市マリボルに着く。日本人夫婦などたくさんの客が乗ってくる。8分停車の予定を短縮して、10：22定刻に発車した。そろそろ、オーストリア国境が近いが、早起きのためか眠たくなってきた。つれあいはもう眼を閉じている。車窓を黄色い壁の大きな建物が過ぎる。「あの建物の写真を撮らねば」と思うが、どうも上手くいかない。突然の車内アナウンスで眠気を破られる。アナウンスがドイツ語に変わった。列車が揺れて側線に入ったようだ。窓外には石炭貨車。国境の駅、スピールフェルドシュトラーセであった。しかしここは国境の両側ともEUだから、何もない。昼寝で過してもよいのである。10：51定発。

発車したとたんに下り坂になった。陽もさして来た。車掌の挨拶らしい長たらしいアナウンス。車窓には町が出てくる。村ではない。どうやら、この線では山岳の姿を見ずにユリアン・アルプスの端を過ぎるらしい。

オーストリアは南に広い

もうオーストリアに入った。今、11時。この列車の乗車時間6時間半のうち3時間はオーストリアを走ることになる。改めて、首都ウィーンが国土の北東に極端に偏っていることを知らされる。オーストリアは南に広いのだ。

正午を過ぎたので食堂車で昼食をとることにした。食堂車に出向くと愛想の良い若いボーイが、客室まで戻って車室に鍵を掛けてくれた。ボーイには少しばかり心付けをした。つれあいは「あなたにしては珍しい」と言っている。これで安心して停車中にも食事を楽しめる。窓は大きく、新装だが伝統的な食卓配置の食堂車だ。厨房との区切りにカウンターがあって、その脇にボーイが直立している。メニューは①そうめん入りスープ、②サラダ、③焼きチーズのハムオムレツ、④サラミのサンドイッチ、⑤コーヒー。これで13ユーロだ。件《くだん》の若いボーイは終始愛想がよい。列車もいつか山間の渓流沿いを走って、車窓も結構だ。徐行で通過した駅には左手の小山の上から下りてくる4線軌条のレールが見える。駅には古い車輌が置いてあって、「ミュージアム」と大書してある。アイエルバッハハナイへハムという駅のようだ。結局1時間、食堂車で過してしまった。

終着のウィーン・メイドリング駅は新しい一介の郊外駅だった。ウィーンは今、駅配置の大改造中である。それにしても長距離上級列車の終着を、こんな駅にもってくるとは酷いものだ。

地下のコンコースに降りて、地下鉄一本で西駅（今夜のフランクフルト行き夜行列車の始発駅）まで行けたからよかったものの、一瞬土地感を失って緊張したことであった。ウィーンの地下鉄は、ユーレイルパスが効かず、自動券売機で乗車券を買わねばならなかった。

旅の終わりはCNL

阿房列車の旅の終りは、それらしく印象的な列車の旅でなくてはならぬ。ウィーン西駅発19：45、フランクフルト行き夜行寝台急行EN420列車は、十分それにふさわしいつもりであった。

晩秋のウィーンの午後はベルベデーレ宮殿の美術館で、エゴンシーレやクリムトの絵を見て過した。しかしロダン館などもあって時を過した。寒風の夕暮れの街に急かされて、この旅最後の晩餐もそこそこに、西駅に急ぐことになった。大事なウィスキーも手近なスーパーで、地元の名もない銘柄のポケット瓶を購入した。

既に入線していた列車は残念なことに二階建ての新車ではなかった。OBB（オーストリア国鉄）の伝統的な一等寝台車である。しかし、マホガニー材を基調とした個室寝台の落着きは、むしろ高級感を与えてくれる。

手荷物の収納を進めていると、若いグラマーな客室掛りがワインと水とリンゴを紙箱に入れて持ってきた。やはりＣＮＬのサービスは維持されている。「ワインはサロンカーで飲んでも良いですよ」と彼女は案内するが、「半日、庭園と美術館を歩き回って相当疲れた」とつれあいは言う。この室を楽しみながら、ワインそしてウィスキーを酌み交わすことにした。「じゃあ、ベッドメイキングは後にするから、声を掛けてください」と客室掛。なるほど、彼女は我われをサロンカーに追い出して、早くベッド作りをしたかったのだ。しかし未だ8時前である。もう少し仕事は待ってもらおう。

(写真1-17) 寝台車での晩酌

夜汽車のウィスキーが一番旨い。発車を待たずに酒を始めて、静かに滑り出す列車に気付かない。窓のカーテンは開けてあるが、窓外は漆黒、時々通過する駅の照明が流れる。つれあいとこの1週間の思い出話に花が咲く。しかし、つれあいは頻りに客室掛を気にしている。彼女は我々の車室のすぐ斜め前に執務室があるのだ。「いい加減にベッドにしてもらわないと……」と言う。いつも晩酌で食卓に長く居座る亭主の迷惑を思い出しているのだろう。仕事と主婦とは違うのだが。それとも自分が眠くなったのか。(写真1-17)

ついに客室掛が様子を見に来た。時計は見ていないから分からないが、大人しくベッドを作ってもらう。ずいぶん幅の広い二段ベッドだ。「俺は、もう少し飲みたいから、下段を取る」と宣言した。下段ベッドはテーブルがそのまま使えるのだ。つれあいは「もう眠いからシャワーは要らない」と言って、顔を洗い、歯を磨いて上段に上った。私は、おもむろにシャワーを浴びる。なかなか操作が難しい。便器を壁に格納し、床の排水口を開け、円筒型のサッシの嵌ったカーテンをひいて、ようやくシャワーヘッドを使う。早めにやってよかった。酔いがまわってからでは何かヘマをやるだろう。最高に気持ちがよい。これで、浴衣でも用意してあれば申し分ないのだが。

列車が停まった。この列車、明朝6：00にフランクフルトに着くまでに停まるのはリンツだけだ。静かな夜更けのホーム、人影はほとんど見えない。ブルーの灯りの入った列車案内板に「ハンス・アルベルス」ハンブルグ・アルトナ行き、とある。この列車にも愛称が付いていたのだ。それに、フランクフルトは終着ではないようだ。とすれば、明朝は到着ぎりぎりまで寝ていてもいいのではないか、などと考えたのは甘かったようだ。ホームの時計は21：58を指していた。

Ⅱ　もとの台湾に近づきつつある台湾

～台湾一周、阿房列車の旅～

序

この1年、外国の旅に出ることもなかったから、今度はいつ、どこの列車に乗りに行くのかと尋ねられることも多かった。手軽なところで、台湾はどうだろうか。彼地に新幹線ができてから随分になるのに、まだ乗ったことがない。折から、留学生の教え子が、「転職のため休職中を利用して案内できるから、来ませんか」と言ってき

た。名前は「亭娘」としておこうか。彼女は妙齢の美人だから、「つれあい」の同行の承諾を得て、「貴地、梅雨の明ける5月の末に、1週間ほど、お言葉に甘えます」と返事をした。

台湾の新幹線（正式には、中国式に「高速鉄路」という）は民間経営の独立会社（台湾高速鉄路）だから、いわゆる『併行在来線問題』がない。在来線の国鉄も、新幹線と競争してサービス改善に取り組んだので、随分快適で速くなった。台湾島をただ一回りするだけなら半日（12時間）もあれば可能なのだが、何日かかるものか、鉄道で台湾を1周したい。それと、阿里山に登って阿里山森林鉄道にも乗ってみたい。亭娘の妹婿が現地で旅行社をやっているとのことである。当方は、セントレア・台北往復の航空券と最後の台北2泊のホテルを手配して、あとは亭娘に任せることにした。

出発は、2012年05月20日、5日間で6区間に分けた阿房列車の旅である。

「もとの台湾」という心

「もとの台湾」

台湾は初めてではない。最初の22年前から3度目になるが、前回の2005年と比較しても、今度の台湾の印象は随分異なったものだった。それは台湾の人々が「中国」と言わなくなったことだ。中国について語らない分、日本との長い交流についての話が出る。今回は旅の大部分に亭娘が付き添ってくれ、そして彼女自身が外省人（中国人）ではなく本省人（台湾人）であることに拠るのかもしれない。しかし、最後の二日間、つれあいと二人だけで歩いた街角でも、この印象が薄れることはなかった。台湾の歴史が掘り起こされ、それは日本との交流の事跡に結び付け語られる。

改めて、私のこれまでの台湾訪問が、公式の「一つの中国」論に拘束され影響されたものであった事を思い知らされた。また、台北だけを見て、台湾が解ったように思っていてはいけない。台湾を訪ね、旅をするのであれば、中国からはひとまず離れて、「もとの台湾」を知っておかねばならない。

台湾の位置付け

台湾は太平洋の北西洋上に浮かぶ、いわゆる「はなづな（花綵）列島」の南端に位置し、南はバシー海峡を隔ててフィリッピン諸島に連なる。一方、この花綵は北は先島・沖縄・南西の各諸島を経て日本列島に繋がり、さらに千島・アリューシャン列島と続く。台湾自体はそれほど大きい島ではない。南北400㎞弱、東西の最大幅は約130㎞であり、面積3・6万平方キロは九州よりやや狭い。

しかし、島の中程を北回帰線が通っており、嘉義市以南は熱帯に属する。ここに2320万強の人口が住む。首都台北市の人口が240万と最大であったはずだが、最近の市町村合併で台北の周辺にできた新北市というのが随分大きくなっている。次は南の高雄市で150万、つづいて台中市ということになる。国民は、大陸から渡ってきた外省人と台湾土着の本省人に分けるのが公式ではあるが、前者はもっぱら1948年、国民党とともに渡ってきた中国人を指しているようで、昔の対岸大陸から渡来した人々は本省人を自称しているようだ。一方、台湾は多民族国家であり、主に西側の平坦地に住み着いたダントツに人口の大きい漢族系民族は、自らを平埔族と称して、他の原住民族（13あるという）と区別している。我こそが「本省人」と言いたいのであろう。

考えてみれば、これらの人々は、古来、海峡と呼ぶには少し広すぎる台湾海峡を舞台に活躍してきた海洋交流民族であって、琉球民族も含めて、海峡の両岸いずれの出自であるかなど端から問題にしてこなかったのではないか。尖閣列島問題などもこう考えれば、偏狭なナショナリズムを克服して、解決の糸口が見えてこようと言うものである。

国家を意識しない台湾

さて、「もとの台湾」を知るためには、台湾の歴史の概略を把握しておかねばならない。

そこには、日本や中国とはかなり異質の歴史の実体がある。16世紀以前の台湾の政治体制を知っている人は多くない。簡単にアクセスでき、体系的に認識を深めることのできる資料にもお目にかからない。世の耳目が台湾への認識を深めるのは、17世紀中葉の鄭成功の活躍の物語によって、ではないか。

陳瞬臣の「旋風に告げよ」（1977年・講談社）では、1661年5月、オランダ東インド会社を台湾から駆逐する最後の決戦に臨んで、鄭成功に「台湾は中国の固有の領土である。わが父鄭芝竜は、これをオランダ人に貸したが、いま本藩（鄭成功）は……返還を要求する」と言わせているが、この戦い自体が一般の歴史物語が言うような、始めから「滅満興漢」あるいは「明朝復辟」の大義名分を押し立てのものではなかったのではないか。鄭成功は母親は平戸の女といわれるように、16世紀にこの海域を支配した倭寇の中から生まれた英雄と見ることができる。倭寇とは「倭」の字を用いてはいるが、日本との繋がりのみが強かったわけではない。福建省を中心とする大陸沿岸地方と台湾、琉球、西日本の無政府的生活活動の群衆総体ということができる。民族的には海洋交流民族とでも呼ぶより他はない。そういった勢力に、この台湾は支配されていたということである。そこには国境などという感覚はありえない。

一方、陸上では14種族とも言われる原住民族が各地に割拠し、亜熱帯の豊饒を生かして農耕、漁労で生活していたものと考えられる。すなわち、そこにも国家といわれるような認識はなかったのではないか。逆に、16世紀のオランダ東インド会社による占領と、その解放戦争としての国姓爺（鄭成功）合戦が、はじめて台湾の民族意識に火を付けたのかもしれない。このあと、日本の鎖国政策の影響もあって、台湾は琉球とともに清国の宗主権支配（それは多分に形式的・儀式的なものであった）の下、半独立の海洋国家として、緩い国家意識の時代を過ごしたのであろう。こうした状況に変化をもたらすのは、19世紀、清国の退潮と近代国家の体勢を整えた欧米勢力の進出である。江戸時代末期の欧米列強の捕鯨船を中心とする船舶への薪炭供給の圧力は、一人日本のみにであったはずはなく、台湾など沿海諸地域の欧米列強との接触が始まった証である。

日本人と「もとの台湾」

こうしたなか、日本との交流が国家間の交流ではなく民衆間の交流として始まっていたことが重要である。１８７４年、台湾出兵という事件があるが、これとて琉球島民の殺害懲罰が口実であり、それは人々の交流が先行していたことを示している。この日台間における民間交流の先行こそ、「もとの台湾」を理解する上での最重要事項という認識が、今回の台湾旅行で得た最大の収穫といえる。日本政府による台湾支配は１８９５年、日清戦争の結果を受けての、日本陸軍による軍政開始（台湾総督府設置）であるが、今回、台湾全土を歩く中でひしひしと感じたのは、日本政府の彼地に残した施政事績よりも、この間日本人の個々の台湾人との交流の中で為した事蹟の方がよく記憶されていることであった。

台湾総督府が多くの仕事をするようになった20世紀以後でも、烏山頭ダムと嘉南灌漑用水路の建設（1910―20）に従事した八田與一のように、家族の地域への融和の逸話とともに、個人の名によって現地の人々に今も記憶されている事例は多い。国民党支配の抑圧の中で、一度は除去された八田の銅像が、住民の手によって復元されたのは1981年のことであった。嘉南の現地に今日では、八田與一記念公園も開設され、毎年5月8日には追悼会が営まれると聞く。また、東海岸の鉄道開拓事業の記念館では、出資は日本政府からではなく日本の民間実業家からであったことが強調されている。それが先般の東日本大震災に当たって、多額の義捐金が台湾民間から拠出されたことと結び付けられて説明される。

「もとの台湾」は、日本人（政府や、ましてや日本軍ではない）と、台湾原住民（もちろ平埔人も含めて）との交流の中にあったのである。

国民党と「もとの台湾」

韓国や中国と較べて台湾の対日感情がこのように良いのには、1948年より最近まで続いた中国国民党による支配の影響が大きい。大中華文明圏全般に言えることであるが、宗主国中国に対する住民感情は、常に愛憎半ばの間を揺れ動いている。しかし、蒋介石の台湾移駐とその後の支配は、それとは大分違った反感を台湾人に植え付けているようだ。移駐当初はまったくの軍事支配であったから、反発は表に出ない。また、国民党政府の日本政府と連携した高度経済成長政策が一定の成功を収め、大陸中国との大きな経済格差が誇示された時代は反感も影を潜めたのであろう。

しかし、中国が国連の承認を受け「一つの中国論」を世界が受け入れるに及んで、台湾・国民党政府は孤立する。東西冷戦も終了して、台湾を巡る膠着状態が長く続くに従って、人々はむしろ過去を振り返り論評する余裕が生まれてきたのであろう。過去は、国民党支配時代を通り越して、一気に20世紀初頭にまで遡る。国民党の軍事支配の時代と比較するならば、日本統治時代の方が良かった。中国共産党政府との緊張関係を考えるならば、あの頃の台湾総督府の方が気を許していられたなあ。こういう感覚が「もとの台湾」への憧憬に繋がっているように思われる。いまの国民党政権（2012年当時、馬政権）には中国共産党政権への反発も重ねてぶつける不思議な市民感情もあって、政府は少し気の毒な気もするが、その攻撃の論拠が、「もとの台湾」であるとも言えよう。いまや台湾人は自らを「中国人」とはまず呼ばない。中華民国という国名すら日常では聞くことがないのではないか。

日本は、とくに日本人は、この台湾人の「もとの台湾」志向で、本来以上に有利な立場に立っているといえる。国民党のおかげで日本の株が上がっているのだ。台湾を旅行するに当たって、この厚遇感情に胡坐をかくことは禁物である。やはり、かつて軍事支配をしたことのある歴史を忘れてはならない。しかし、この「もとの台湾」に憧れ、それに近づこうとしつつある台湾に遊ぶことは、日本人にとって大変心地良いことであるのは間違いのないところである。

日月潭に慈恩塔のできる前

儒教道徳の邦

台北桃園国際空港は、空港全体というよりターミナルの大きさの印象的な空港である。フィンガーと主棟を結ぶ電車を降りて、入国手続きを済ませた私たちの目の前には、亭娘の変らぬ美しい笑顔があった。挨拶はゆっくりしてからとばかりに、ターミナルビルの端から混雑した普通の路線バスに乗り込む。大きな手荷物は、はるか向こうの床の上に山積みされて転がっている。この空港も折角の新設新幹線を直結することに失敗した。2012年現在、新幹線の桃園駅との間に新交通システムの新設工事が行われていて、バスを降りた眼前の高架構造物の上には、もう新しい車輌が横たわっていた。

新幹線の駅は地下であった。南の左営という町で建設工事を見たことのある台湾高鉄に、台中までの1時間弱だけではあるが初めて乗ってみる。発車時刻を気にしつつ切符を買う。つれあいが「台湾では高齢者割引を活用せよ」と、近所の友人からの忠告を口にする。慌ててパスポートを亭娘に渡して、窓口に提示して貰うと、果たして定額大人運賃540台湾ドルのところが、気前よく半額になるのであった。券面には「敬老」と印字してある。とっさにつれあいが「私も、来年来ればよかったのだ」とつぶやいた（おっと、それは機密事項では？）。いづれにしても、さすがは儒教道徳の浸透した邦である。ちなみに、この邦の高齢者サービスは各機関各様であって、この台湾高鉄（民鉄）のように外国人まで含めて65歳以上半額とするものもあるが、国民のみの高齢者半額が最も多い。無料とするものもある。たいへん結構だが、手続きに手間と時間がかかる。それを煩わしく思う者は、高齢者とは言わないのかも知れない。料金割引だけではない。つれあいなど、地下鉄やバスで何度も席を譲られ、嬉しいやら悲しいやら。

台湾の新幹線「高鉄」に乗る

新幹線の車輌は、日本製で日本の規格と同じであるから、乗り込んでみて、とくに感動といったものもない。若干、座席間隔が広いように思える。また、車室の端に小さな荷物置き場がついている。これは良い。早速、争って利用する。信号システムや運行管理システムはヨーロッパ製で、整合性が悪く、当初滑り出しに苦労したようである。地下を走って、車窓風景のない間を利用して、亭娘と一別以来の挨拶をかわす。彼女は在留学時に、ニュータウン見学を兼ねて拙宅に来たことがあるので、つれあいも旧知の仲とはいうものの、女同士というのはいとも簡単に打ち解ける。こちらは訳もなく警戒心が起こるから不思議である。

高架区間に入って窓外に南国の緑ゆたかな景色が広がる。しかし、原野というのではない。そこここに街影が見えるのは日本の新幹線と変らない。この新幹線は台北を基点として地下構造で始まるが、基本的には高架構造で南の台湾第2の都市、高雄の北郊（左営）まで、台湾の西側に広がる平野地帯を走る。台北・左営間を最速96分（210km／h）である。高雄の街の内は大深度の地下構造にすることになっていて、それは、その上に載る高雄市の地下鉄とともに、目下工事中である。2005年、高雄で第25回工程技術研討会というのがあって、その講師を依頼されて訪台したときには、まさにその工事現場を見学したのであった。大分工事が遅れているようであるが、この夏、在来線の線路切り替え工事の公告が掲示してあったから、もう竣工も近いのではないか。2005年の当時も新幹線の開業が遅れていて、左営駅の北の完成した高架上に大雨の中、輸入された新車の車輌が何編成も野晒しになっているのを印象的に眺めたことがあった。

思い出が頭を過ぎる間もなく、列車はもう下車駅台中に停まる。北の遠方に高層ビルの林立する都会が見える。この街を台湾第3の都市というが、台中は厳密には人口は3番目ではない。

名古屋を日本第3の都市というが如くである。東の遠景は、高い山並みが煙雨に煙る。駅の周辺は広大な敷地に南国の植樹が美しい。市街地は未開発で開業当時の新横浜駅前を見るようだ。高架駅の下の大きなコンコースで、亭娘の同僚の宝娘と合流した。彼女は日本語の勉強を始めたばかりだそうだ。

（写真2-1）檳榔樹とバナナと台湾の山

日月潭に遊ぶ

14：50、日月潭行きの高速バスに乗る。遠かった山影がぐんぐん近づき、その向こうにさらに高い山脈が横たわるようだ。昨日までの大雨はどうやら上がるようで、山肌を急速に霧が登る。沿道は檳榔《びんろう》の樹林、その向こうに一昨年の水害の山津波の痕が禍々《まがまが》しい。檳榔樹は日本人にはそれだけで南国を感じさせるが、台湾では飽くまで温帯の植生、亜熱帯になるとこれに椰子の喬木が混じるようになる（写真2−1）。街角や街道の茶店に混じる檳榔屋は台湾の風物ともいえるが、この檳榔の樹脂に石灰を混ぜて固めたものをチユウインガムのように噛む。覚醒効果があるらしい。かつ

（写真2-2）日月潭と拉魯島

ては、可愛い娘が店頭に立って「鬢榔売りの娘」とトラックの運転野郎どもに持て囃されたものであろう。いまでも珈琲店より鬢榔屋の方が目立つのだが、店に立つのは「嘗《かつ》ての娘」か、悪くすると腹巻姿の親爺である。

　夕霧の立つ山の湖はなんともロマンチックである。日月潭は完全に雨が上がり、我々の到着に併せて歓迎の用意を整えたかの如くである。ホテルのテラスに繋がる桟橋のプロムナードを散歩する。広大な湖は幾重にも襞を為す山影に遮られて、全景を見ることはできない。水面には岸の樹影が反映し、魚の遊泳もあって、様々な色と姿を織り成す。この奥ゆかしさは日本人の好みと相通じる。思わず、「湖愁」「湖畔の宿」などの歌が口をついて出る（写真2－2）。

　部屋は最近改修したもののようで、ベッドルームではあるが、一角に畳敷きの座敷が用意されており、まずはお茶菓子とお茶を一服頂戴するのであった。また、各室に設備された風呂は、浴槽の天板は檜張りで、なんと洗い場が付いている。亭娘いわく、「今は、日本風にすることが、一番上等ということなのです」。台湾で「加賀屋」がブームとは聞いていたが、加賀屋進出の影響がここまで及んでいるとは、驚くとともに涙が出るほどうれしくなるのであった。

翌日は快晴、炎天の下、遊覧船で湖上を巡る。この日月潭は元来もっと小さな山間の湖であったらしいが、日本統治時代に日本の技術者が一つしかなかった流出河川に大規模な堰堤を築き、発電と農業用水の整備を行ったことで、今の大きな湖ができたとのことである。これにより今日でも全台湾発電量の20％をこの日月潭が担っているという。たしかに、いまや日月潭は台湾の「へそ」といってよい位置と規模の湖である。

湖岸の山に慈恩塔という塔が立っていて、それは蒋介石が母を偲んで立てさせたという。蒋介石もこの湖をこよなく愛し、涵碧楼（これも草創は日本人）の育成保護や、彼に近しい日本観光資本の導入等、様々な観光促進策を打っている。「その根源にある日本の技術者の労苦を忘れてはならない」とは遊覧船の船長の演説であった。この船長、亭娘の通訳の都合も考えず、操舵輪から手を離して後ろを向いて熱弁をふるう（もちろん船足は落としてあるが）。亭娘は、目を回して悲鳴を上げている。湖の真ん中に拉魯島と呼ばれる小島がある。少数民族の召（サオ）族の聖地であったが、１９９９年の台中大地震で崩壊、水没の危機にある。この説明を受けて私が「それは大変だ。この島は台湾の臍のゴマ（護摩）に当たる。臍のゴマをとると、母体（台湾）のお腹が痛くなります」と交ぜかえした。外交官を夢見ている亭娘ではあるが、バカバカしかったのか、難しかったのか、この通訳は取り合おうとはしなかった。

森林鉄道で玉山の日の出を観る

昼過ぎに、チャーターしたバンに4人が乗って、阿里山に向けて出発した。列車の旅を志してはいるのだが、日月潭から阿里山へは線路は繋がっていない。一度台中に戻っても、嘉義から山に入る御目当ての阿里山森林鉄道は水害で運休中である。やむなく車を運転手付きで借りることにしたのだが、これが大変な収穫であった。このルートは日月潭の流れ出す河の本川（濁水）を遡り、直接阿里山国家風景区に入る道（国道21号）で、国民党軍が4000人の兵士を投入して開削したという天下の難路である。運転手は途中の水里の人で、その村里を通過の折、私が「ああ、佳い山里だ」と言ったら、俄然、案内が丁寧かつ熱を帯びて、また通訳の激務を誘うことになった。

沿道は、はじめは幅広い河道の中を行くような道。山肌には生々しい崩壊の痕、道路は川原の高架道、「まるで川の中に道を造ったようだ」と私が呻くと、この春まで某大学の防災研究室に勤めていた亭娘は「うちの先生もそう言ってました」と答える。高架構造は本当に出水に堪えるためで、「渡らずの橋」であるとは、運転手も含めて3人の意見の一致したところである。

この運転手、大の国民党嫌いで、乗客に外省人のいないことを確認したら、車窓の風景も皆国民党の悪口に結びつける。いわく、「国民党の奴等が、いいかげんな道路を作るから、我々が苦労する」「この木は珍しいもので、数十年に一度、花をつける。瑞兆といわれている。俺は一度この花を見たことがある。その年、蔣介石が死んだ」といった具合である。

流れが細くなると、標高がぐんぐん上がる。もはや険阻な山岳道路のヘアピンカーブ。しかも一昨年の豪雨災害の復旧工事で、ときに片側通行、一時停止を求められる。運転手は「この道路は4時で閉鎖です。まだ間はありますが」と、自分の運転技量を誇示しつつ脅しをかけて楽しんでいる。眼下には随分乱暴な工事現場が見える。土木工事の世界を若干知っているだけに恐ろしい。運転手が標高2500mを越えたと告げる。先ほどから、つれあいが「すこし頭痛がする」と言っていたのは高山病症状らしい。むしろ安心である。

難路を越えて、この道路の最高地点を通過した。2600mぐらいである。東南アジア最高峰、日本時代には「新高山」と呼んだ玉山（3952m）への分岐点、塔塔加を過ぎる。と、水山巨木と呼ばれる夫婦杉が霧の中に立っている。記念写真と用を足すために車を停めて車外に出る。このドライブで初の休憩である。夕暮れ閉鎖の区間を過ぎて、運転手君もようやく余裕がでてきたのか、写真の撮影係を買って出てくれた。霧が晴れて、落雷に打たれて無残な老杉の上の方まで見えるようになった（写真2‐3）。

（写真2-3）「水山巨木」の前で

（写真2-4）阿里山森林鉄道・祝山線、観日列車

宿泊は、阿里山賓館という高級山荘で、日本時代に森林経営の幹部滞在用に造られたものであろう。我々はその新館に泊まる。森々と夕霧に頬を撫でられながら、テラスで珈琲を飲む。今夜は相当冷えそうである。それよりも、明朝の日の出登山は3時起床、若い二人に防寒具を借りるように言わなくては。我々は、日本から持ってきている。

阿里山森林鉄道、日本統治時代に森林資源開発のために建設した狭軌（700ミリ台）の鉄道である。私は、子どもの頃から台湾といえば阿里山鉄道というほどこの鉄道に乗りたかった。たしか芥川龍之介の小説にもあったと思うのだが、いまは確認できていない。国民党が森林保護政策に移行してからは、観光鉄道として愛用されている。この鉄道、残念ながら嘉義・阿里山間の本線が上述のように水害罹災で運休中である。しかし、山頂区間の2支線のみが細々と運行している。そのうちの一つ、祝山線は阿里山から祝山まで、早朝1往復のみ、日の出を見に行くために運行している。観日列車という（写真2－4）。

狭軌の車輌だから、まさにマッチ箱というに応しい、1両に40人も乗れば立ち席も含めて満員という車輌を8両ほど繋いで、阿里山の駅を04：20に発車した。まだ暗闇で窓は寒風を送り込むのみ。キーキー、カンカンとレールの鳴る音が山間にこだまする。終点の祝山駅には04：50に着いた。仄かに灯る駅舎の灯を頼りに、駅前の階段を登ると山頂広場である。祝山は海抜2451mで、東の玉山連峰に対座する絶好の日の出観賞ポイント。今日の日の出は、05：22とのことだから、まだ少々の時間がある。体を温める珈琲等を売る茶店が暗闇の中で商いをしている。しかし、御来光は日の出直前からのページェントである。今か今かで、カメラのシャッター回数のみが多くなる。そして、玉山の左肩に御来光、「素晴らしい」の一語に尽きる（写真2－5）。

（写真2-5）玉山の日の出（中央の高峰が玉山と思われる）

09：10阿里山発の列車代行バスで嘉義の駅まで、高低差

2200mを一気に下る。所要2時間半。鉄道ならば3時間ほどかかったはずだが、途中には有名な二周り半のループ線路がある。未練をこめて、嘉義駅の売店で嘉義発阿里山行きの硬券切符を買った。平快車で20元、88・3・19発行。「88」とは民国暦の年号で西暦では1999年に当たる。裏に「実行三民主義、防止森林火災、請勿将頭手伸出車窓外」とある。

嘉義の発車は12：35。新幹線と並行区間の「自強」号（在来線特急）は結構速い（90km／h）。13：16、定刻に炎天の台南に着いた。

成功大学と安平砦

オランダの痕跡

台南はさすがに熱帯の地、5月というのに、真夏の太陽がじりじりと照りつける。丁度、今日あたりから乾期に入ったのでは、という亭娘の観測である。この地は台湾随一の歴史観光都市というが、昼間はとても街中を歩き回れない。宿舎は駅のすぐ裏に広大な敷地で広がる成功大学の中の「成大会館」にとってあるが、チェックインはまだできない。荷物を預けて、大学町で昼食をとることにした。

「庫肯花園」というオランダ風の可愛らしいカフェが見つかった。キンキンとクーラーの効いた心地よいテーブルで、パスタとデザートを楽しんだ。店の名前は〝Keukenhof Garden〟の音意訳であることが分った。台南は17世紀中期の40年間、「安平」と呼ばれオランダの台湾支配の根拠地であった。早くも、そのオランダ文化の片鱗に触れたということであろう。「そういえば、気が付かなかったが、今宵のホテルを経営する成功大学の名も、国姓爺・鄭成功に由来するのでしょうね」と私が切り出したのだが、亭娘も宝娘も「さあ、違うんじゃないですか」といって、話に全然乗って来ない。大体、彼女らの世代は鄭成功の事蹟もあまり知らないようだ。たしかに中国側から見れば、鄭は滅満興漢（明朝復僻）の義士であって、台湾から紅毛の徒を追い払った功績など、大した関心がないのかもしれない。そして、台湾の現支配体制はその漢民族にある。いまさら台湾の若い人に、そんな講釈を始めてもしょうがないかと、話題を転じたのであったが。

安平砦で歴史講釈

ホテルに戻ってチェックイン、少し昼寝をして16時から市内見物に出掛けることにした。台南の歴史的価値を理解しない台湾人若者たちを引き連れて、つれあいのガイドブックと私の方向感覚を頼りに、タクシーを一路、安平砦（ゼーランジャ城）に走らせた。オランダ東インド会社軍と鄭成功の古戦場の遺跡である。もっとも、守るのがオランダ軍で、攻めたのが鄭軍であろうが。400年を経た朽ちた赤レンガの壁にガジュマルの気根が絡み付いている。いたるところに、目下発掘中の遺跡が見られる。それらの脇に立つ説明板を翻訳説明しつつ、亭娘はことの重大性に気付いたようで、説明に段々自信が亡くなり、私の歴史講釈に耳を傾けることが多くなった。そして最後は「先生は、私の、台湾の歴史の先生でもあります」と（写真2―6）。

（写真2-6）安平砦の三人娘？

（写真2-7）開拓資料館（旧徳記洋行）

砦の形はオランダ城郭様式で、函館の五稜郭に似た四稜郭である。それは五稜郭タワーのような塔の上からよく見える。塔の上からは、四方に平野が広がり水路もあって、この辺りがかつて湿地帯であったことが分かる。今日「安南」と呼ばれている（ベトナムとの関係はいかに）この一帯、400年前は水路の入り組んだ浅い入り江（鹿耳門）であって、鄭成功はここから当時のオランダ支配の拠点（赤カン城）を突いた、と『旋風に告げよ』にある。そんなに遠くない運河のほとりに、古い洋風の商館建築が見える。旧英国商社・徳記洋行の建物で、今は台湾開拓資料館になっているという。日没までまだ少し時間があるから、つれあいと行ってみることにする（写真2−7）。徳記洋行の建物の隣にガジュマルの気根を使って壁を塗った建物があった。運河に面した小公園から、台湾海峡に沈む夕日を観賞した。安南の夕日は佳景の誉れが高いとのこと。ともあれ、朝に阿里山の山頂から太平洋の日の出を眺め、同じ日の夕方に台南で台湾海峡に沈む夕日を楽しむ。これは昔の人にはできなかった贅沢な楽しみ方であろう。

花東縦谷を北上しつつ

南迴線で

4日目（5／23）、台南発10：32、「呂光」（急行）51号、花蓮行きで出発。日本統治時代建築のどっしりした駅舎の前のロータリーに日本の羽織のような衣装の大きな銅像が立っていた。鄭成功であろうか。駅前の「ＣｏｍｅＢｕｙ」という冷房の効いたドリンクスタンドで、冷たいデザートドリンクを飲んだ。台湾各地に展開するこのチェーン店の名前は中国語の「乾杯」の音を掛けてあると亭娘は言う。言葉遊びの楽しみ方は、同文民族に共通するところがあるのだろうが、センスの違いに気付くのもまた文化である。

列車は、在来線の西部幹線を塀東まで走り、南廻線を台東まで、そして東部幹線に入って花蓮まで行く。我々は、今日は鹿野温泉に泊まるので、台東で降りる。3時間17分の長旅である。この新幹線が開業して、その端末の新左営から花蓮（または台東）まで走る列車が多くなった。この呂光号のように台北から直行するものは少ない。したがって、時刻表も「台鉄南廻線」として新左営・台東間を一括掲載している。東部幹線の花蓮から台北までの電車特急の多頻度運行区間はさしずめ「北廻線」ということになろうか。

南廻線と東部幹線の花蓮以南は電化されていないので、列車は電気機関車牽引のいわゆる客車列車で、車内は日本の在来線特急より随分ゆとりがある感じがする。座席は通路を挟んで2席づつ、横一列にとれた。この座席の配列、というより番号の付け方が面白い。全席通し番号なのだが、通路の右が偶数番号で左が奇数である。したがって、順に座席番号を追っていくと、どういう追い方をしても、番号は1番置きになってしまう。この付番方式に一体どんなメリットがあるのだろう。

車窓風景は平板ではあるが、新幹線に慣れた身には久しぶりに列車の旅を楽しむ心地である。ときどき新幹線の高架が見えるが、こちらは地上線、田畑の作物や沿線の建物も手に取るように見える。高雄の駅にはしばらく停まる。多分、機関車の付け替えであろう。ここからはディーゼル機関車になる。時刻は11：22で昼にはまだ早いが、弁当の心配は大丈夫だろうか。亭娘に任せてあるのだが。高雄の町を出ると、車窓は俄然南洋調になる。檳榔《びんろう》の林は相変わらず多いのだが、そこに椰子の喬木が頭を出す。大きな葉の茂る下に椰子《やし》の実も鈴なりに見える。前にはバナナの茂みも見える。もっとも、線路に並行して工事中の高架構造物が邪魔をし、視界はよくない。妙に足の短い高架線路は洪水対策のためだけに在来線を移す計画のようだ。海岸も近いから、津波対策ということかもしれない。

車内販売がまわって来た。亭娘が弁当を四つ買った。種類は一つしかないから、偏食の私も文句はない。今は日本では見ることもなくなった薄いボール紙一枚で作った箱に入っている。懐かしい駅弁、いや汽車弁である。中身は幕の内ではないが、骨付き豚肉（排骨飯）と柳葉魚《ししゃも》のフライ、そして煮玉子、高菜が白飯の上に並べてある。つれあいはいつも私の肉嫌いに付き合わされているので、大変感激している。私も、結構美味しく戴けた。

列車は畑地の高台をゆっくりと時速20㎞ぐらいで走ると、遠景に海が見えてきた。線路は南廻りルートに入り、海はバシー海峡に連なる。バシー海峡の向こうはフィリピンだ。もちろん見えはしないけれど、南洋を見渡すような気持ちになる。たしかそんな気持ちを読んだ歌か詩があったのではないか。やはり、芥川龍之介か。海峡を渡ってきたのは蝶か蝗か。こんなことを漫然と考えていると居眠りに落ち込みそうだ。列車が小さなトンネルを出ると、遠方にまた海が見え、列車の進行とともに線路に近づいてくる。こんどは少し海の色が違う。趣も明るく開放感にあふれている。太平洋である。

阿美族の故地は「瑞穂」の地

台湾の東海岸は断崖が多いように聞いていたが、それは中央山脈からの山塊が直接海に迫るのではない。大雑把な地形図の理解では気が付かないが、花蓮から台東まで、中央山脈とは独立して海岸山脈が太平洋に沿って伸びている。両山脈の間には盆地ではないが、谷状の平野が約１３０㎞にわたって南北に走っている。あたかも伊那谷を思わせる広く緩い渓谷で、「花東縦谷」と呼んでいる。数々の温泉と、稲作で有名である。とくに北半の田圃で採れる米は日本米と変わらないとされる。日本統治時代の名残か、「瑞穂」という地名すらある。台鉄東部幹線もこの谷状平野を走る。

この花東縦谷の南の端に位置するのが台東である。この地域が原住民族、「阿美」族の故地であることを象徴して、駅頭にトーテムポールのような大きな木彫が立っている。この種族の名前を、亭娘たちは「アメイ」と読んだ。しかし、それは「アミ」と言わねばならないであろう。昔、日本人が「あみ」という族名に「阿美」の字を奉った。あとで来た中国人が、それを

「アメイ」と読み間違ったのだ。こうして原住民族はいつの間にか自分たちの呼称を変えられてしまう。このような例はよく見られる。さきほど通過した高雄の町は、いまは多くの人が「カオシュン」と呼ぶ。しかし、現地の原住民出身のガイドの話（7年前のことであるが）では、「昔、我々はこの地をターコウと呼んでいた。それに日本人が『高雄』の字をあてた。１９４８年、入ってきた国民党の連中が何も知らずに、これをカオシュンと読む。我々は、いまでもタカオと呼んでいる」とのことであった。中華民国贔屓や国際派と称する日本人が、知ったかぶりに「〝タカオ〟ではありません、今は〝カオシュン〟と現地音で読みましょう」と教えてくれる。「あさはか」なことである。

（写真2-8）台東の並木道

　話を戻そう。台東着は13：49、駅頭に今日の宿、鹿野温泉の鹿鳴温泉酒店から迎えの車が来ていた。30分ほど広葉樹の並木の街道を走る。よい並木である。運転手が「道路拡幅の計画があったのだけれど、我々が並木を伐ることに反対して、このように並木の外に側道を整備することになりました」と解説する（写真2―8）。河を渡って、広い庭園に囲まれたリゾートホテルに着く。台湾の数ある温泉の中でも珍しい、裸で入浴できる大浴場のあるホテルである。しかし、大浴場の利用は一泊に一度だけ。しかも大浴槽はシャワー室に直結していて、洗い場はないのであった。洗い場は部屋付きの浴室にもない。

翌朝は10：05、台東の幾つか北に位置する関山駅から「自強」（特急）３０１号に乗る。ホテルの送迎車で送ってもらうのだが、台東より大分近いらしい。ほとんど無人駅のような駅のホームには、列車への積み込みを待つ地場作物の果物（茄冬樹）の段ボール箱がぽつねんと置かれている。

（写真2-9）駅売りの乙女

（写真2-10）墓地のある車窓風景

単線の線路をディーゼル特急が滑り込んできた。ステンレス波板の車体に黄色の塗装、オレンジのベルトを締めたツートンカラーである。車内は、単純な４（２＋２）席横並びのリクライニング・クロスシート。座席間隔には随分余裕があって、車室の中間に円く通路を穿った門型の隔壁がある。どこかで見たような、そう東急車輛製である。車窓は、果てしないほどに稲田が広がり、遠景に椰子の茂み、通過するホームの脇にはバナナの叢林があった。列車が池上駅に停まると、ホームには赤いプラスチックの篭を肩に掛けた駅売りの乙女が立っていた。すべてが懐かしい、佳かりし頃の汽車の旅の情景である（写真2–9）。この雰囲気には昼寝が似合う。時刻はまだ午前中だが、鼾《いびき》が聞こえてきそうな気がする。線路に並行する道路に沿って、丘の裾にかなり大きい広がりの墓地が見える。沖縄の墓ほど大きくないが、白色の壁にレンガの柱をあしらった家型の墓が幾段も並んでいる（写真2–10）。これだけが、異国の地にあることを気付かせてくれる。12：10、電車用架線の目立つ、花蓮の大きな駅に着いた。

花蓮に東線鉄道遺跡をみる

小吃美食

花蓮は東海岸の主都、琉球に繋がる19世紀以来の東の玄関口である。しかし、今回は4時間半の滞在、観光地としては太魯閣渓谷が有名だが、そこへ行っていては花蓮の街は全く見ることができない。元来、阿房列車の旅は偏屈者の旅である。人の行くところは、それだけで魅力が薄れる。それよりも、花蓮の街は降り立つだけで歴史の匂いがする。列車阿房には、駅頭に立った時の印象と「感」が全てである。亭娘の申し出により、レンタカーを4時間借りることにした。日本留学中は運転したことはなかった彼女だが、自分ではなかなかのドライバーだといっている。ただし、方向感覚がまったく駄目で、ナビゲーターは宝娘の方が勤めることになったが、これも地図が上手く読めないことが後で分った。後部シートから、私が勘で大声を挙げることになり、これはこれでつれあいがヤキモキするのであった。

まずは昼飯、花蓮は小吃美食といって軽食（いわゆるB級グルメ）が有名だ。つれあいの持っている旅行雑誌に載っている「液香扁食店」の名物、ワンタン（扁食）を食べに行く。宝娘はこの雑誌「まっぷる」が気に入ったようで、「すごい。各地の食べたいもの、買いたいもの、行ってみたい店が全部書いてある。台湾のどんなガイドブックより完璧だ」と言って興奮している。国の違いよりも世代間のギャップを痛感する。そういう意味で、若者に人気のこの種の雑誌の編集感覚はスゴイ。彼女、もう少しで「この本、下さい」と言わんばかりである。しかし、帰国までそうはいかない。

駐車場を探していて、面白いものを発見した。酒造工場の跡地・建物などをテーマパーク化した一区画で、花蓮創意文化園区という。ロングドレスの女性一人旅のうしろ姿がずばりマッチしている。経営者の住宅と思しき日本式住宅にも修復の手が入っていて、エアコンの室外機が上手く取り付けてあった。何に使うのであろうか、施設の公開はまだすこし先のようである。

街と海浜と

次の目的地は、鉄道文化園、先のガイドブックには駅に隣接していると書いてあるが、最近、海岸寄りに移設新築された（駅の脇にはＳＬが1台、放置されて残っている）。旧駅舎の復元模型を中心に、施設や車輌が集めてあるが、展示物はたいしたことはない（写真2−11）。しかし、掲示してある東線鉄道（当時の東部幹線の呼称）の「歴史回顧」の列記は、1908年以来の鉄道建設のあゆみとともに日本と台湾の交流の歴史を物語って秀逸である。四合院形式に配置された施設の中庭では、近くの高校生たちが卒業祭のリハーサルをやっていた。9月に学年の始まる台湾の学制では、5月の末は卒業式の季節なのである。女子学生は、いわゆる学生服（日本風）と民族衣装のグループが並立しているのが面白い（写真2−12）。

（写真2-11）旧花連駅舎の鉄道学園

（写真2-12）卒業式リハーサルをする女子高生

（写真2-13）七星潭の浜

（写真2-14）忠烈祠（旧花連港神社）

こんどは長駆して海岸を見に行く。七星潭という小岩・小石から砂浜までがグラデーションを成す海浜である。樹木の影はまったく見えない南海の陽射の下、太平洋の眺めは、まさに雄大。青天の下、見はるかすが、さすがに与那国島は見えない（写真2－13）。帰途、市街地に入って忠烈祠に寄る。美崙山の麓の高台にあって、市街地を見下ろすことができる。今は、中国風の朱塗りの祠堂が建つが、日本統治時代には花蓮港神社があったという。町の名も「花連港」、日本との行き来の船の平安と、交流都市の繁栄を祈ったものであろう（写真2－14）。

旅の終わり

16：40、台北まで一気に戻る列車の愛称は「ｔａｒｏｋｏ」号、そう、あの台湾随一の観光地、太魯閣渓谷からその名をとっている。ドイツのＩＣＥ形式の振り子式電車で、相当高速が出るはずであるが、区間速度は残念ながら75㎞／ｈにしかならない。しかし、在来線の台湾鉄道では最新鋭の特急電車である。座席は変哲もない４席（２＋２）配置のクロスシート。清潔で真新しく見える車内が、５日間の列車の旅の終わりを締めくくるのに相応しい感じがする。山塊が海に迫って、線路は海岸縁りを走ったり、トンネルを潜ったり。ようやく夕暮れが近づくなか、夕立もあって、右側の車窓につづく海は少し荒れてきたようだ。中部空港の売店で買って、この旅の間肌身離さずもって歩いたスコッチの小瓶をとりだす。発車間際にキオスクでかったペットボトルの水も今ならまだ十分冷たい。列車の旅の終りの儀式として、ウィスキーは不可欠である。列車は台北を通り越して南端の高雄まで５７０㎞を走り通す（終着は０：05）が、我々は台北で降りなければいけないから、長々と痛飲はできない。しかし、今日は二人の若い女性がお相伴をしてくれる。彼女らは車内で飲む経験はないらしく、先ほどから興味津々、私が水割りを作るのを見つめている。車窓海上に島影が見えた。無人島（亀山島という）だろう。尖閣列島海域にあまり荒波の立たぬよう祈りながら、乾杯である。

21：16、台北に着けば、タクシーでホテルまで送ってもらって、亭娘と宝娘とはお別れである。彼女たちのおかげで、異国の旅であっても地元の事情にも触れることができ、旧交も温めることもできて、良い旅であった。感謝の意もこめて、ホテル近くの茶芸館（近時流行の近代的台湾風カフェ）で遅い夕食をご馳走した。こういう店の佳さは、台湾も日本も、老いも若きも同様に分かる。ただ、飲茶（麺）と豆花（冷たいデザートドリンク）のどちらがより好きか、の違いがあるだけである。

おわりに替えて

おわりの台北、1日半を利用して、故宮博物院と台北101タワー、中正紀念堂、永康街、そして九份の町を訪ねた。これらは、つれあいとの二人旅。つれあいのガイドブックと私の方向感だけが頼りである。

九份は、台湾の北東端の街、基隆の東南に位置する山上の町である。昨日の台鉄東部幹線を瑞芳まで戻って、バスで行く。かつて日本統治時代には、炭鉱や金鉱地帯のお座敷として栄えた町である。山にへばりついて物産販売店や飲食店が並んだアーケードの「基山街」と階段の街「豎崎路《スウチールウ》」から成る。侯孝賢監督の映画「非情城市」の舞台として、また階段街は宮崎駿監

（写真2-15）「非情城市」の舞台・豎崎路

督のアニメーション「千と千尋の神隠し」のイメージ舞台となったので有名と、ガイドブックにはあるが、狭いながらに、賑やかな往時を偲ばせる街並みは、頂上近くから眺める基隆湾の遠景とともに、私には国籍を超えた風光絶佳な歴史遺産の町に思われる（写真2―15）。

帽子を売る店があって、鍔広の廉いが面白そうな帽子を見つけたので、「ターシャオチェン（多少銭）」と聞くと「イーパイウー（一百五）」との返事、つれあいに「450円で、廉《やす》いから買っていこう」と話していると、店の親爺が猛烈な勢いで中国語（?）でまくしたてた。身振りで「実は、中国語は解らない」と示していると、後ろからきれいな日本語で声がかかった。背の高い紳士で、日本人のツアーの引率をしていたのだと言う。彼は、「あなたの北京語が完璧だったので、北京語で返事をしてやったのに、何だ全然通じないじゃないか。台湾語が喋れないのなら日本語の方がよい」と言ってます、とのことだ。確かに彼は訛りはあるが、はっきりした日本語で他の日本人客には対応している。

生半可な中国通気取りには強烈なパンチであった。この台湾一周の旅で、おぼろげながら解っていたつもりであったが、仕上げのパンチで目から鱗が落ちた。台湾は台湾である。台湾の人々は昔も今も、裸の台湾人として日本人と付き合いたいのである。多くの制約と虚構に塗り込められた時代を乗り越えて、台湾の人々はいまや、そのことを身体で示そうとし始めている。台湾は「もとの台湾」に戻りつつあるのだ。

Ⅲ 消えゆく阿房列車風味、大ブリテン縦断の旅

序

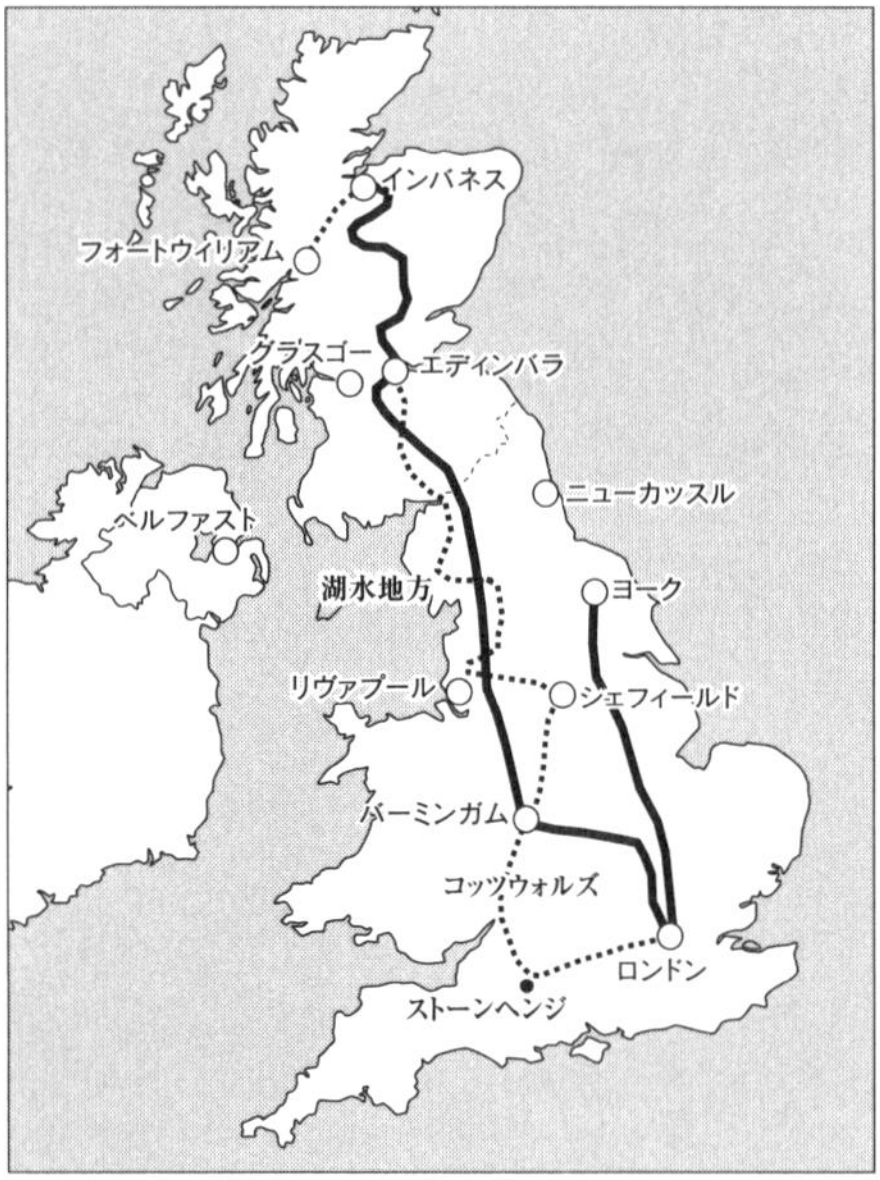

空港や都市の視察で、ロンドンは何度か訪ねたことはあるが、英国の地方部はほとんど知らない。とくに「スコットランド」にはなぜか郷愁を感じる。スコットランド民謡を多用した文部省唱歌の影響かもしれない。一方、英国と言えば鉄道の故国であり、元祖「阿房列車」の内田百閒先生も行きたくなかったはずはない。もっとも、百閒先生は臆病だから、師と仰ぐ夏目漱石がノイローゼに罹ったロンドンなぞ、端から

忌避していたかもしれないが。

ともあれ、英国も民営化と新幹線化の進行で、伝統の英国鉄道の面影も甚だ覚束ないことであろう。多少無理はあっても、妥協はあっても、この際、スコットランドと英国鉄道への想いを強引に結びつけて、大ブリテン島を鉄道で縦断することにした。2014年6月25日、11日間の旅の出立である。

今度の旅行では、セントレアからフィン・エアでヘルシンキ（フィンランド）経由ロンドンに向かう。ヘルシンキで1泊した。この白夜に近いヘルシンキの一夜も、十分話すに足るのだが、本文とは別の話である。ロンドンはユーストン駅から夜行寝台列車でスコットランドも北の端、インバネスまで行く。インバネスを基地に、まる一日ハイランドの風物を楽しんで、翌朝は特急列車でエディンバラに移動し、夜、ホテルで成田から来るツアーに合流する。

このツアーは40人弱の大編成で、バスでローランド（スコットランド）、湖水地方、ハワース、ストラトフォード・アポン・エイボン、コッツウォルズとイングランドの文学散歩、そしてストーンヘンジからロンドンへと大ブリテン島をわずか3日で縦断するものである。最後の日は離団して、英国鉄道新幹線に乗ってヨークの街と鉄道博物館を見に行くことにした。これで、我々の鉄道の旅は都合3日、ブリットレイルの一等車乗り放題パス（フレキシパス）3日間券をフルに使える。その翌早朝、ロンドン郊外のホテルをツアーの添乗員に送られてタクシーで出発すれば、ヒースロー空港第3ターミナルで出国手続きをしてヘルシンキ経由セントレアへは二人だけの帰国の旅である。

「カレドニアン・スリーパー」

英国も変わる

つれあいにとって英国入国は22年ぶりの2回目である。1回目の折は彼女にとっての最初の外国旅行であった。しかも、私は学会があって先に渡欧していたから、彼女は一人で名古屋空港を発ち直行便でヒースローに着いた。ヒースロー空港は単身アジア人女性の入国審査が厳しかった。とくに「亭主がここで待っている」などと言おうものなら、すわ不法滞在労働者が長居を目論んで女房を呼び寄せたかと、入国審査官の峻厳な尋問が待っている。「その亭主は何をしに来ているのか」「何日、滞在するのか」「帰りの航空券を見せろ」とうるさく迫ってくる。彼らはこんな時、必ず英語でまくし立てる。日常生活に耐える英会話能力の有無を試しているのだ。つれあいは、「出国は明後日、亭主と一緒に鉄道でパリに行く」と言おうとして、「鉄道」に詰まったという。「バイ・レイルウェイ」と何度繰り返しても通じない。亭主は交通の専門家で、それで学会に来ている。鉄道が好きだから鉄道と船でフランスに渡るのだ、と苦心惨憺説明した挙句、係官が「おー、トレイン」と言って、無罪放免になったという。たしかに、日本でも普通の人は「鉄道」よりも「列車（あるいは汽車、電車）」と言うだろう。なまじ亭主の専門用語に親しんでいたつれあいの不運であった。

その経験があるから、今回もつれあいは入国審査で何を聞かれるか、緊張の表情。ところが審査官は開口一番「観光？」。つれあいはキョトンとしている。私は、後ろから「おい、それは日本語だ」。３人揃って破顔一笑。なごやかな入国審査となった。22年たって、英国も変ったのである。いまや、「おもてなし」は必ずしも日本の専売特許ではない。

夜行列車を待つ

英国鉄も民営化され、上下分離方式で分割された。そのためか主要列車の愛称も消えてしまったようで、クックの時刻表には表示がない。今夜乗る夜行列車は、おそらく英国に残った最後の寝台列車で、20：57にロンドン・ユーストンを出て、スコットランドはハイランドのアバディーン、インバネス、フォートウィリアムの３都市に向かう。私たちの乗るのはインバネス行きで、終着は明日の08：36である。３本の列車はユーストンを出るときは併結されているが、どこで分割されるかは時刻表を見ていても分らない。エディンバラ辺りだとは思うが、時刻表にはエディンバラ停車の表示がない。深夜で客扱いをしない駅は停まっても停車したことにはならないのだ。

黒い箱型のロンドン・タクシーでユーストン駅に着いた。大きな荷物があるからエレベータを探す。その前で可愛い女の子を連れた夫婦に会った。「日本人か。どこへ行くのだ」と聞くから、「日本からスコットランドの観光に来た。夜行列車でインバネスへ行く」と答えたら、「スコットランドは佳いよ」、細君が「姉妹がエディンバラに居るの」という。さらに「ネス湖でネッシーを探すのだ」とまぜっかえすと、エレベータがとんでもない階でドアを開けた。彼は慌ててボタンを押し直してくれて、「ネッシーが出たかな」と言った。ジョークでイギリスを感じた一幕である。

まだ発車まで3時間近くもあるから、荷物を一時預けに預けて駅の外に出た。インド人街だった。英国の運輸産業はインド人労働者に依って支えられてきたともいえる。通りにはみ出してビールを飲むパブの情景が、英国に来たことを実感させる。その街のイタリア料理屋に入った。街の雑然さに比して随分と小綺麗な半地下の店だった。我われの後から入ってきたインド人のグループが先に盛り上がっている。見上げる窓は、7時というのに暮れる気配はない。ビールは美味いが酔うには少し勝手が違う。料理の味は、「まあまあ」というところか。英国の旅に食への憧れはもとよりない。

駅に戻って、ラウンジで時間を過ごす。お茶とクッキーだけでなく、ビールや軽飲料、それにウィスキーもある。これらは、一等ラウンジといっても、さすがに有料だろうと思って遠慮したが、後で調べると、どうも酒以外は無料であったらしい。夜行列車用のスコッチ・ミニボトルと冷水は下の売店で買った。

「カレドニアン・スリーパー」という名の列車

ようやく発車ホームの掲出があって、荷物預けから荷物を取ってホームに向かう。停まっている長い列車の胴には「カレドニアン・スリーパー」の名称が大書してある。列車愛称はなくなったが、車輌名は健在なのだ。ブルートレインで知られる「ワゴン・リー」に見るように、鉄道会社とは独立した運行サービス会社の伝統が鉄道改革で復活したのかもしれない。車輌には「First」と「ScotRail」の二つの会社名が示してあり、説明には「スコットレイルはファーストによって運営される」と書いてある。上下分離の下物（レールの保有・管理）のみならず、上物にも二つの会社があることが知れる（写真3−1）。

（写真3-1）発車待ちの「カレドニアン・スリーパー」

「カレドニア」の名は、スコットランドの旧称らしく、「ケルト人の国」という意味のようだ。とすれば、上野から弘前と青森と八戸へ往く列車を併結して「陸奥の国」号と名付けているようなものであろう。そういえば、運行距離も約900kmで、似たようなものである。20両近くの編成の中ほどM号車の前から二つ目の車室が私たちの今夜の居室である。

2段ベッドはもうセットしてあって、洗面台やトイレは室内にはない。思ったより狭い。大きなスーツケースは、厚さが過ぎてベッドの下には入らない。天井の荷物棚に上げるには重すぎる。仕方がないから、立てて壁際に置いてウィスキーのテーブルとしたものの、足の置き場にも困る窮屈さである。かつては、荷物車があって、ポーターが預かってくれたのであろう。サービスシステムが変わったのに車輌は往時のものを使い続けていることが歴然である。

まだ発車には間があるから、ホームに出て列車編成を再確認。先頭車輌はGで、以下Aまで逆順で並び、その後ろにPからH（Oは欠）までがやはり逆順で並んでいる。このうち、BとIが食堂車、AとHがデイナイターと呼ばれる座席車で、他は全て個室寝台車である。この列車の最大の関心事は、20：57発という時刻ながら、食堂車が営業しているか否かであった。我らの車室に近いB号車の食堂車を覗《のぞ》くと営業していて客が入りだしたところであった。「食事は済ませたので、一杯飲むことはできるか」と訊くと、「貴方は何号車か」、「M号車のお客様は後ろの食堂車に行ってください」、「この車輌はインバネスへは行きません」との答えである。

「そんなことを言わないで。列車を切り離すと言ったって、それは明朝のことでしょう。こちらの方が近いのだから」と粘ったが、「駄目です。今夜中に1両後ろのAとPの間で切り離します」と言って、とりあわない。実際、何時にどこの駅でアバディーンやフォートウィリアム行きの列車を切り離すかは、どこにも明示してないし、食堂車の給仕の知ったことではないのであろう。それに、食堂車は終夜営業だそうで、呑兵衛は白河夜船のうちに列車切離しとなることもなきにしも非ずだ。

発車の後、後ろのI号車の食堂にも行ってみたが、案の定満員であった。どうも食堂車で夕食を取りたい人は、寝台予約時に合せて予約をするもののようであった。

窮屈な車室で嘗《な》めるスコッチ

車室はドアを閉めると意外に暑い。折角買ってきた冷水のボトルが温まってしまってもつまらないから、早速スコッチのミニボトルの栓を開ける。明朝はスコッチの本場に行くのだから、今日は銘柄は問わない。列車が何度もポイントを渉る振動が伝わり、車窓はようやく暮れ始めたロンドン郊外の町影が流れる。つれあいは疲れて疾《と》うに上段ベッドに上った。私もこのボトルを空けたら、外のトイレで歯を磨き、顔を洗って寝るとしよう。窓際のテーブルの下に洗面台が隠れているとは後になるまで気付かなかった。

06：20、列車が停止して眼が覚めた。カーテンから覗くと、雨模様ながらもちろん明るい早朝の気配の中に、小さいが整った駅。石造りの駅舎に「Pilochry」と書いた駅名表示が見えた。どう読んで良いのか分からない。スコットランドの地名は、北海道のアイヌ語語源の地名と同じで、ゲール語語源のものが多いからこういうことになる。おまけにこの駅名の下に、もう一つ現地語の名前が必ず併記してある。スコットランドとの出会いである（写真3－2）。

（写真3-2）早朝のハイランド、小駅

小駅の停車はあっという間。車窓にはすぐに牧草に被われた丘が広がる。その背景に小山があって潅木の林。それが線路近くまで迫り出して来ると一寸した針葉樹の林になって、その樹間に白壁の豪壮な館が1棟、10数戸の集落を従えている。屋根に聳える立派なレンガの煙突が、このハイランド地域の寒い気候を物語っている。曇天の下、淡い霧が情景と列車の間に割ってはいる。列車給仕がモーニングコールと称して、ティーとヨーグルト、ビスケット、フルーツ、クロワッサンを運んでくる。ティーはコーヒーでも良いのだが、スコッツレイルのコーヒーは「スタバ」と組んでいるからやめにした。早朝からこんなにたくさん食べられない。ビスケットはスコットランド名物「ウォーカーズのショートブレッド」だ。非常食としてリュックに入れておこう。

さらに高度が上がった。列車は、荒れた高原地帯を行く。ところどころ石がゴロた茶褐色の地面に黒っぽい緑の地衣が這う。遠くの緑は、あれがヒースか。いまにも雨が来そうな暗い空の下、遠くの山には残雪が見えた。この辺り、高度は1000mを超える程度であろうが、緯度が高い（北緯57°）から、日本アルプスの感覚からは2500m級の高山のようだ。ハイランドと呼ばれる地域の正体である。それでも、列車は峠を越えたようだ。ニュウトンモアという駅を過ぎると、スペイ川の渓谷を下る。車窓の緑が鮮やかになり、赤紫の花の群落が線路に沿う。天候も回復の気配である。

（写真3-3）「ザ・ロイヤル・ハイランド」ホテルの正面階段

間もなく列車は、インバネスの駅に滑り込んだ（08：36）。今夜のホテルは駅舎の左に軒を接して並んでいる「ザ・ロイヤル・ハイランド」という名のホテルで、古いが伝統のありそうな建物である。正面に青いタータンチェックの絨毯を敷いた大階段があって、それは彼の豪華客船タイタニック号の内装のモデルになったものだそうだ（写真3-3）。我われが到着した時、その階段を背景に日本人観光客が記念撮影の真っ最中。フロントは多忙で、早時チェックインに応じてくれるはずもなく、我われはトイレで洗面を済ませ、荷物を荷物室に自ら運び入れて、町に繰り出すのであった。

ハイランドからローランドへ

最北端の町、インバネス

スコットランドは大きくハイランドとローランドに二分される。別に島嶼部を分けることもある。ハイランドとローランドの境目は、エディンバラの北に東から食い込むフォース湾によってブリテン島がくびれた辺りと考えることができる。この境界線は2世紀中頃、ローマ帝国の最前線として築かれたというアントニウスの長城にほぼ一致する。しかし、この辺りのケルト族の勢力は強く、ローマ帝国の前線は間もなく2世紀初頭のハドリアヌスの城壁まで撤退を余儀なくされた。このハドリアヌスの城壁は、今日のスコットランドとイングランドの境界とほぼ一致する（東海岸でややずれる）。ローマ人はこの前線の北（蛮地）をカレドニアと呼んだのである。またカレドニアの人々は、この二つの前線の間を、北のハイランドに対してローラン

（写真3-4）インバネスの街

ドと呼ぶようになったのであろう。結果として、カレドニアすなわちスコットランドは、ハイランドの寒冷な高山農牧地帯に対して、温暖で緩やかな高原状都市地域のローランドという対比ができるようになった。

　このハイランドの北の端、北海に開くマリ湾の奥まったところに、「ハイランドの首都」とも言うべきインバネスの町がある（写真3－4）。ネス川の両岸に発達した人口5万程度の小都市だが、街に足を踏み入れた途端、賛嘆のため息の洩れる石造りの建物の美しい古都である。ネス川の名から察せられるとおり、この川の上流は怪物ネッシーで有名なネス湖に繋がる。

　そのネス湖の脇を通ってフォートウィリアムに向かうバスの発車まで2時間近くある。まずはインバネスの街の散策である。大きな通りは二つしかない。それとネス川の両岸の道に沿ってほとんどの重要建築物は建っているのだが、楽しいのは小路に面した建物の細部に宿る景観である。石造りの壁は、趣はあるが決して美しいものではない。しかし、そこにブロンズの街灯が配され、軒には花鉢が掛けられる。美しい、いやラブリーな街を演出する市民の木目細や

（写真3-5）ネス川沿いの石造りの街並み

かな気配りがひしひしと伝わる。折からの驟雨に、片手傘で写真を撮ろうとすると、風に傘を取られそうになった。

　話は先に跳ぶが、二度目の市内散策はネス川右岸の中華料理屋へ夕食に行った（写真3−5）。「折角、北の端まで来たのだから北海の海の幸のスコットランド風でも食べたいね」と話したのは覚えているのだが、探しあぐねて気がついたら眺望だけは悪くない中華料理の店にいた。後に、インターネットガイドを調べると、泊まっていたホテルのダイニングこそ、まさに北海の珍味の名店だという。なんと悔しいことだ。22時、ようやく日が暮れる頃、散歩を兼ねてホテルに帰る途上、押しボタン信号を無視して横断歩道を渡った。小さな町である。交通量は少ないが向こうに車の影が見えたので、「走るぞ」とつれあいに声を掛けて足早に渉った。彼女は横断歩道を渡りきったところで、歩道にバタリと手を突いた。歩道の縁石が徐々に立ち上がるところが夕間暮れで見えなかったのであろう。驚きと歩道で良かったという安堵と、そして格好悪さと、それはつれあいも同じであったろう。「あそこのスーパーも見ていこうか」と体裁を繕い、膝を払って歩き出した。と、数歩進んだところで、車から降りた老年女性が「貴女、大丈夫？」と声を掛けてくれた。問われた意味が分からないまま、無視をして私たちの方から立ち去ってしまった。しばらくして、あれは転んだつれあいを見ていて、心配して声を掛けてくれたのだと覚った。気が動転している上に突然の英語で、折角の市民の好意を振り払ってしまった。

三度目は翌朝、朝食前にネス川の岸辺を散歩した。聖アンドリュース大聖堂に至る河畔に、伝統的な建築を活用した小ホテルやB＆Bが数軒並んでいる。1階に朝食の用意の整った清潔な食堂が、白いレースのカーテンと花壇に飾られて見える。あの食堂からは、清流を隔てて対岸の丘の上のインバネス城が眺められるはずである。

グレート・グレンを走ってフォートウィリアムへ

インバネスから出る二つの地方鉄道は、いずれもとてもノロいので、半日では終点まで行ってくることができない。バスを使えばネス湖沿いに走って2時間で、ハイランド第2の街フォートウィリアムに達することができる。この街は、17世紀にスコットランドとイングランドが争った時代、フランスから入ってスコットランドの指導者になったオレンジ公ウィリアムに因んで名付けられた。その後の係争、ジャコバイトの戦いでも有名な町だ。このフォートウィリアムまで行ってこようと思う。

一方、ネス湖は長さ38kmにも及ぶ細長い湖で、他の二つの同様の湖（スコットランドではLochという。有名な「ロッホ・ローモンド」もロモンド湖である）とともに大地溝帯を形成している。この地溝帯の西側はウェスト・ハイランドと呼んで、ハイランドとは区別することもある。バスはこの大地溝帯、グレート・グレンに沿って走る。

この行程最大の町はフォートオーガスタスで、南のロッキー湖に繋がるカレドニア運河とネス湖の間の水位差を調節するための水門がある。面白い風景だが、すでに1時間の長旅に昼寝中のつれあいを揺り起こすほどのこともない。ここを過ぎると、ネス湖は終って湖面は右の車窓に移る。さらに小1時間、前面左手に頂上直下に残雪をのこす英国最高峰ベン・ネヴィス（1343m）の山影が見えるようになると終点は近い。スコッチの銘酒「ベン・ネヴィス」の醸造所から、このフォートウィリアムの町は始まるのであった。

この町はベン・ネヴィス山の裾がリニー湖に達するところに抱かれた人口1万の小都市である。グラスゴーから北上してきた鉄道がはじめて海に接する町で、遊覧船の姿も見える観光都市でもある。鉄道線路はここで西に方向を変え、大西洋岸の小村、マレイグに至る。このウェスト・ハイランド鉄道と呼ばれる地方鉄道区間には、日に2往復SLが運行されていることでも有名だ。「ジャコバイト」号といって、赤い塗りのテーブル付きボックス座席客車を5両、小型3動輪の蒸気機関車が牽いている。この機関車は映画「ハリー・ポッター」にも登場する。

（写真3-6）発車するジャコバイト号

　また、フォートウィリアムから1時間ほどのところには、世界最古のコンクリート高架橋、グレンフィナン橋がある。丁度午後（14：30）の列車の出発を見ることができた（写真3－6）。小さな躯体ながら蒸気を巻き上げ、汽笛一声力強く走り出してゆくSL列車に、とくに鉄道好きでもないつれあいもいたく興奮の体である。ホームの反対側には昨夜乗ってきた「カレドニアン・スリーパー」の分身が旅の疲れを休めていた。

　フォートウィリアムの街は実にシンプルで可愛らしい。駅前の街道を渡ると、伝統的なホテルと教会を周囲に配した小公園があって、その端から商店街が伸びている。土産物屋と飲食店が中心で、地元産品のスコッチやタータンチェックのマフラーを品定めしつつ店頭を冷やかして歩いても、1時間もあれば十分だ。ロープウェイで裏山（ベン・ネヴィスからみれば前山）に登るのも、雨模様でなければ楽しそうだ。

　インバネスに帰るバスはスクールバスと混乗である。市街地のはずれにある学校からたくさんの中学・高校生男女が乗ってきた。車内は一気に騒然としてきた。車窓風景など一切気にかけず、互いに悪戯したり小突きあったり、そのたびにやられた生徒は「オーマイゴッド」と叫ぶ。いずこも同じ少年少女の躁然を、静岡のひょうきんな孫娘を思い出しながら、楽しく眺めていたつれあいは、盛んに小声で「オーマイゴッド」を繰り返している。どこかで使ってみる積もりであろうか。彼らは沿道の観光業従事者の子弟か農場の子どもか、小さな停留所で一人二人と降りて行く。

ハイランドを越える特急

インバネスからエディンバラまで、ハイランドを縦断して、あるいは越えて走る特急列車は日に6本。単線で非電化区間だから気動車である。そのうち早朝の1本はロンドンまで行く。我われは2本目の9：41発に乗った。3両編成の軽量車輛で、1両が3区画に分けてあり、その両端が一等座席である。真ん中の車輛にはトイレがあるが、これが東海道新幹線（700系）の多目的トイレにそっくり。車輛は日本製かも知れない。

一等区画の座席は9つしかなく、その中の4人用ボックスの向かい合わせに私たちの予約カードが差し込まれていた。つれあいが当然のように、進行方向に向かって席を占めたから、私は後ろ向きになった。荷物置きはないので、運転席の扉の前に置いたら、検札に来た車掌に叱られた。通路も狭いから、デッキに放り出すより仕方がない。つれあいの隣にはおおいに腹の出た太っちょ親爺がすわった。反対側の二人掛け席にはキャリアウーマン風の女性が乗ってきた。これで、乗車率は50％に近くなった。二等区画はもっと混んでいる。

列車は最初の停車駅アヴィモアに向けて峠を登る。左手下に北海に開く海岸が小雨に煙っている。線路の両側は比較的丈の高い野草が茂り、その多くが紫色の花をつけている。つれあいが花の名を「あれはジキタリスかな、いやこれはルピナスだ」と教えてくれるが、聞き流すだけである。どうせ記憶は5分ともたない。つれあいの隣の親爺は、ニコリともしない。終にエディンバラまで一言も交わさなかった。

峠を越えるころ、広大な牧場があって、蹲って動かない多数の羊が白い石が転がっているように見える。なにもない信州の車山のような高原を列車は走る。高圧送電鉄塔が自然のままの情景を壊している。その下の寂しい道路をキャンピングカーが走って行った。そう、今日は土曜日である。時折り、数軒の白壁と黒い石瓦の屋根に霧が流れている。

やがて列車はスペイ川の渓流に沿うと、アヴィモアが近い。一寸したリゾートのはずだが、土曜日でも人影はない。まるで夏が過ぎてしまったと嘆いているように、冷たい雨が降っている。この辺りはスコッチのモルトの醸造で有名な地帯だ。スコッチは大きく分けて4つに分類される（ハイランド、ローランド、スペイサイド、アイラ）が、現今、最も醸造所が多いのがこのスペイサイドである。さらに渓谷を遡るとダルウィニーという駅の手前に絵に描いたような醸造所の蒸留塔が見えた。

都市的佇まいのパースから列車はゴルフで有名なセントアンドリュースのある半島をショートカットしてフォース湾に向かう。北岸に沿って市街地の北の高台を、フォース橋を渡るまで走る。左側の車窓に街並みがあって、その向こうに海面が見える。湾の向こうには霧にかすんでエディンバラの街影が見えるような気がする。

それよりも列車の進行方向のはるか彼方に、フォース橋のあの独特な橋影がかすかに見えることがある。このフォース鉄道橋こそは、我われ土木技術者を目指した学徒が若い頃、必ず習う近代鋼橋技術の遺産である。3連の片持ち梁構造によるトラス橋で、鋳鉄で造った橋梁の落橋事故の多かった19世紀の末に完成され、1世紀以上を経た今日も無事に毎日列車を通し続けている。なんとか写真を撮りたいものと、カメラをフルに望遠にして車窓にしがみつく。つれあいは「ほとんど病気」と呆れ顔であるが、それを気にするよりも私は、望遠レンズのブレが癪の種である。橋が近くなると角度が悪くなり、自身が渡る時には橋の写真は撮れないのであった。13：20、列車は終着の徐行に入った。

「憧れの」エディンバラ

スコットランドの首都、エディンバラは人口38万、産業と技術の街グラスゴー（75万）に都市規模と経済力では後れを取るが、文学の香りも高い古都である。「憧れの……」と題した意味は、私にも審らかではない。私の母は童話作家、新美南吉の教え子である。子どもの頃から「新美先生が女学校の授業で、いつもエディンバラへの憧れを語ってくれた」と聞き慣らされたからである。また、地域づくりを考える職業柄、中央集権化の進む今日、イングランドへの抵抗の歴史とも言えるスコットランドの牙城都市に対する敬意を込めた憧憬であるかもしれない。

（写真3-7）ジョージアン・スタイルの街

　また、エディンバラは「坂の町」としても天下に名高い。住民の、とくに高齢者の労苦は別として、一般に坂のある街は観光都市として有名である。日本でも函館、小樽、長崎があるし、米国でもサンフランシスコが「坂」で売っている。しかし、この度の観察からするに、3段に分かれるエディンバラの街とその間の「坂」は格別である。

　中段の、かなり広く計画的に整備された街（ニュータウンと呼ばれる）は18世紀のもので、ジョージアン・ハウスを中心に整形された街並みが美しい（写真3−7）。かなりの高台の上に載っていて、北の湾岸に向かって下る「下の街」には、歩いて戻ることを思うと足を伸ばす気になれない。その坂の始まりには「クイーン・ストリート・ガーデンズ」の帯状緑地があたかも下の街との境界のように横たわっている。これは、いわゆる「コモン」であって、周囲を柵で囲われ、鍵を委ねられた近所の人々のみが立ち入ることのできる、鬱蒼とした街の中のジャングルである。

見上げれば、古い石造りの建物の並ぶ中世以前の街（オールドタウン）が、緑の雑木の茂る岸壁の丘の上に並んでいる。その西の端にひときわ高く聳えるのが、古城エディンバラ城である。この丘の上の街は、「ロイヤル・マイル」と呼ばれて、古都散歩には丁度良い距離であるが、中段の街からはとても歩いて登る気になれない。丘の上の街と中段の街の間には、自然が作った堀のような帯状地帯があり（古代には池であったという）、そこを鉄道が何本も線路を走らせていて、エディンバラの中央駅、ウェイヴァリー駅もその堀の底に立地している（写真3－8）。したがって列車を降りた客は、西・南・北いずれの方向にも階段や斜路を登って街路に出なくてはならない。北側に並んでいる街路はプリンスィズ・ストリートと言って、こ

（写真3-8）エディンバラ駅の待合室

の街の中心となる通りだ。その中ほどにゴシック様式のスコット・モニュメント（61ｍ）がシンボリックに建っている。文豪、サー・ウィリアム・スコットの記念碑なのだが、国名との関係は分らない。

それより、今年（２０１４）の5月31日、この通りにＬＲＴ（軽快路面電車）が開通した。整備事業は随分遅れて、計画から14年もかかったとのことである。この東北の通り、ヨーク・プレイスからエディンバラ空港を結んで、10分間隔ほどで走っている。奇しくも郊外の我われの今宵のホテルの前を通るから、中段の街を歩きつかれて、日暮れて二人で帰るにも好都合であった。運賃はわずか１・５ポンド（約２７０円）、ロンドンとは格段の差である。

この３段からなる街の全体像を把握するには、中段の街の東

（写真3-9）カールトン・ヒルから古城を望む

（写真3-10）坂の下の街とフォース湾の遠景

の端にあるカールトン・ヒルに登るのが良い。丘の上の街のさらに南の裾に広がる新しい市街地や、北のフォース湾まで眺めることができる。翌日、バスツアーの一行とともにこの丘に登ったが、ハリー・ポッター執筆の故地やそのモデルの学校を遠望できた。また、列車の中から眺めることの難しかったフォース橋も、カメラの望遠レンズを通して観賞できたのである。（写真3−9、10）

楽チンなバス・ツアーは邪道なりや、イングランド縦断

ローランドの高原から湖水地方へ

まだ朝の雰囲気の残る中、エディンバラのホテルを後にした。今朝からは大きな荷物を取り扱う心配のない、貸し切りバスの旅である。小ぶりなリュックを肩に掛けて車上の人となれば、大きなスーツケースは何時《いつ》の間にか足下の荷物庫に納まっている。

車窓には直ちに農村の雰囲気が漂う。比較的道路が空いているということで、高速道路でなく2車線の国道を行く。果てしなく続くなだらかな牧場の丘。緑の樹林がそこここに。青天に白い雲が浮かぶ。しばらく走ると小さな集落があって、交差点に町の名の標板と道路標識がある。南西に小1時間走って高速道路Ｅ５に乗ろうとする頃のことだ。道路の右手20㎞の地図

上に「ニューラナーク」という地名が眼に留まった。そう、近代都市計画の草分けとも言うべき、R・オーウェンの「ユートピア」（1816）が対象とした町である。

さらに小1時間、今度は南東に走る。いよいよスコットランドとイングランドの国境である。ドライブインがあって、やや大きな土産物屋がある。この少し前から、車内に噂が拡がった。「今、持っている紙幣はイングランドに入ると通用しない。国境の売店で全部使ってしまわなくては」というのである。慌てて自分の持っている紙幣を見ると、昨日エディンバラで両替したポンド紙幣には、たしかにエリザベス女王の顔写真がない。発行銀行名もスコットランド銀行である。実際には、ロンドン等では等価で通用するのだが、たとえば日本での交換はできないそうである。そういう意味で、この国境の土産物屋はスコットランドの旅を総括する良い機会を与えてくれる。近傍には探せばハドリアヌスの城壁の遺跡が見つかるのではないか。かようにスコットランドはイングランドへの対抗意識が強い。そして、「スコットランドは田舎であることを誇りとしている」地方である。この9月にはスコットランド独立の可否を問う国民投票も実施されるのだそうだ。

しかし、国境を越えたからといって、車窓の風景はそんなに変るわけではない。バスはいわゆる湖水地方に入った。丘陵性の狭い道を走る。小さな湖が見えると詩人ワーズワースの故居、ダブ・コテッジのあるライダルマウントに至る。この辺り、ウィンダミア湖を中心とした湖水地方は、じつに美しい自然の残った、風光明媚をそのまま絵に描いたような地方である。しかし、その自然は意図的に残されたという点で、スコットランドのそれとは異なる。ピーター・ラビットの作家ビアトリックス・ポターも初期の重要メンバーといわれるが、ここは「ナショナルトラスト運動」の発祥の地なのである。だから、鉄道の敷設が忌避された。その結果として、今日大型バスが狭い道路にひしめくのは皮肉なことである。ウィンダミア湖の湖畔、ボウネスの町で魚料理の昼食をとり、船でレイクサイドに渡る。SLトーマスの牽く小型列車に乗って、バスに戻れば、その日の宿所、ランカスターはもうすぐそこであった。

英国文学散歩を重ねマナーハウスに泊まる

このバスツアーは「英国感動体験8日間」という商品名であるが、どうやら英国文学の故地を巡るのが趣旨のようである。ツアーの3日目は、まず「嵐が丘」の作者E．ブロンテと二人の姉妹の故地、西ヨークシャーに属する小さな町ハワースを訪ねる。プレストンから東に回って、地方鉄道の駅を眼下に見て小丘を登ると、ブロンテ姉妹の父が牧師をしていたパリッシュ教会を囲んだ可愛らしい街がある。その教会の裏の牧師館がブロンテ文学館になっているのだが、花が綺麗に飾られた周囲の街並みがとても印象的であった。

午後の主題は、シェークスピア生誕の町、ストラトフォード・アポン・エイボン。少し、街

（写真3-11）ストラトフォードu.A. 白壁の歴史的建造物

（写真3-12）「ヴィルズレー・マナー」ホテル

中を散策する時間があった。白壁と花飾りの美しい街だが、ここまで作り上げてしまっては、少し落ち着かない（写真3−11）。

今日はマナーハウスに泊まる。マナーハウスとは、中世以来の領主の館のことである。今日まで残ったこのような館をホテルに改修して使うのが流行るようである。おそらく領主にもピンからキリまであったのであろう、今に残るマナーハウスも千差万別。翌日、アフタヌーン・ティで立ち寄ったそれは、小さなB&B（民宿）とほとんど変らない代物であったが、この夜の「ビルズレー・マナー・ホテル」は、農園を従えた広大な敷地の中に建つ、立派な3階建て石造りの館であった。この春からＮＨＫ・ＴＶで放映した「ダウントン・アビー」の居館ほどではないが（写真3−12）。

領主の館だから、館には領主家族のほかに使用人たちも大勢住んでいる。一般に、館の1階はホール・応接間や食堂と厨房などがあり、2階が領主家族と来賓用の寝室が並ぶ。そして外から見ると屋根裏部屋のように見える3階が使用人たちの寝室に使われる。それを改造してホテルにしたのだから、団体旅行の場合、どこの寝室を割り振られるかによって、夢見心地は天と地の差がある。エントランスの前に横付けされたバスを降りて、ホールで部屋割りの申し渡しが行われた。しかし、部屋の番号だけではどんな部屋かは分からない。番号を頼りに重い荷物を牽いて部屋を尋ねて歩く。3階に上る狭くくねった階段にぶつかったら残念賞である。我われを含む3組だけは門の脇の別棟の部屋が当てられた。あれは「馬小屋」ではないかとガックリしながら部屋に辿り着くと、内装は一新された結構広い3室（寝室、ウォークインクローゼット、バス・洗面所）からなる部屋であった。呼称は「馬小屋」ではなく、「守衛の部屋」くらいにしておこう（写真3−13）。もちろん、食事や食後の団欒は本館1階の伝統的な装いの部屋を使うことができる。ディナーはとくにドレスコードはないが、折角持って

（写真3-13）我らの泊まった「守衛の部屋」

来たのだから、ワンピースとジャケットにネクタイでシャンデリアの豪華なダイニングに出かけることにした。重い荷物をバスから自分で運んだのもこのためで、ボーイはディナーの間を利用して運ぶから遅くなってしまうのである。日暮れは遅いので、食後に豪壮な庭園の散歩を楽しんだ。これにももちろん格差はない。

コッツウォルズ、そしてストーンヘンジ

4日目は朝から英国旅行で最近定番のコッツウォルズ地方を訪ねる。この地方の定義は難解で、広義にはオックスフォードや昨日のストラットフォードもこの地域に入ってしまう。風光明媚が売り物の水郷地帯だが、湖水地方と違って人の生活臭のある景観である。毛織物業を中心とした近代産業遺産が、自然景観と調和して、和やかな美しい情景を演出している。観光ブームがこの雰囲気を壊すのではないかと、最近警戒の動きがあるようだ。もちろん観光客を呼びたくて、この情景を創り出したのであろうが、あまりたくさんの客が大型バスで押しかけると、その観光資源が磨耗してしまう。私も白川郷の世界遺産観光対策で直面した矛盾である。

多くの観光拠点のうち、バイブリーという村を訪ねた。中規模の清流を囲んで、はちみつ色の石造りの建物がそこここに点在する集落だ。スワンホテルという可愛らしく美しいホテルが花壇の向こうにあるが、門のところに関係者以外立ち入りを認めず、という規制があった。も

と毛織物工場の社宅という花と緑に囲まれた建物の前も、できるだけおとなしく眺めて、写真を撮るのであった（写真3－14）。

養鱒場は有料であるがノビノビと散策できる。餌をやると大きな魚が水しぶきを上げて集まってくる。その前の駐車場に大型バスが停まって、日本人の女子高校生（中学生？）の集団が降りてきた。我われを見て、「キャー、日本人。『こんにちは～』」と騒いでいる。皆、胸に英文字で書いた名札を下げている。こちらの学校がやっている夏季研修で、日本語で話すことを規制されているのであろうか。こちらは、ここ数日日本語の中で生活しているから、とくに感動はないが、その以前の二人だけで英語の世界を旅しているときならば、即座に「やあ、こんにちは」と声を掛けたのであろう。

（写真3-14）バイブリー寸景

アフタヌーン・ティをコッツウォルズのはずれで済ませて、バスは田舎の道を一路南下する。目指すは世界文化遺産のストーンヘンジである。しかし、過剰に保護された遺跡は感動の薄いものだった。見たことだけが記憶に残る、ただ知識を増やしただけの観光は、そろそろ老境を迎える年頃には味気ないものだ。そんな思いを載せてバスはM3を東に、ロンドンに向けて走る。これもまた味気ない。車内はほとんど皆居眠りである。

新旧の鉄道を求めて、ヨーク日帰りの旅

「フライング・スコッツマン」

バスツアーの最終日は、ロンドン市内とウィンザー城の観光である。我ら夫婦はツアーをキャンセルして、ヨークの街まで行ってくることにした。ヨークには有名な鉄道博物館もある。新幹線型列車の運行で、約300㎞の道のりを2時間弱で行けるようになった。10時にキングスクロス駅を出れば、18時のロンドン、オックスフォード街の夕食までに帰るとして、ヨークの街には4時間ほど滞在することができる。

キングスクロス10：00発の列車にこだわるのには訳がある。「フライング・スコッツマン」といって19世紀以来数々の世界の鉄道の歴史を書き換えてきた列車がある。ロンドンはキングスクロスからエディンバラまで600㎞を150年間走り抜いてきた列車である。はじめは、その名前は蒸気機関車に与えられた名前であった。20世紀前半、改良された機関車A3は時速177㎞を出したという。高級列車として客車が改良され車内サービスが向上するに伴って、

「フライング・スコッツマン」の名は列車愛称となった。機関車が電化され高速電車の時代になっても、その名は継承された。そしてその列車の発車時刻は、キングスクロス発10：00を維持し続けてきたのである。しかし、225km／hの新幹線型電車が毎時運行されることになり、運行会社の民営化の紆余曲折で、2009年政府出資の民営会社「イースト・コースト・メインライン」が運行することになった今、はたしてその名も「フライング・スコッツマン」が走っていると言えるのか。その疑念と拘泥が、私を10：00発の列車に乗らせるのである。

東幹線の特急車窓から

10時少し前、キングスクロス駅、改装なったシェル型ドームの新しいコンコースを経てたどり着いた古いレンガ構造の7番ホームには、何の変哲もない、そして多分日本製の電車が待っていた。白地にブルーのマスク帯の上品な塗装の車輛の腹に「イーストコースト」と大書してある。新しい運行会社は「イーストコースト」を商標とした、とウィキペディアにあるのはこのことであった。とすれば、「フライング・スコッツマン」は最早鉄道マニアだけの幻の愛称でしかない。この間の緊張と落胆は、一緒に駆け足で付いて来たつれあいに説明しても無駄であろう。それよりも今日は座席の予約が取ってない。一般に一等車の方が席が早く詰まる。歩きながら写真を撮って、急いで空席を探した。

後ろ向きであったが、４人掛け座席の二人並んだ席が空いていた。向かいは私たちと同年輩の白人の夫婦であった。間に大きなテーブルがあって、カップが４つ伏せてある。今日は大きな荷物がないから、気持ちに少しゆとりがある。「ここに座って良いですか」と挨拶して座った。夫人は「どうぞ」と笑顔で答えたが、亭主は卓上に写真の付いた栞《しおり》を置いて、読んでいたペパーブックから眼を離そうとしない。２時間弱、面と向かうことになるのに、これは吉と出るか凶と出るか、若干緊張の内に列車は動き出した。次の停車駅は我われの下車するヨークである。

車窓の景色は総じて平板である。ロンドンの郊外の住宅地や工場地帯を抜けると、列車は新幹線らしい速度になって快調に走る。両側の窓に緑の平野が広がるが、昨日までの西ブリテンより面白みに欠ける。緑の向こうに絶えず工場などの姿が見えて、サッチャーが「大ロンドン計画」のグリーンベルトを破壊した、その爪跡を見る思いである。この東幹線はヨークからエディンバラの間が海岸線となって、景色が佳いのだそうだが、今日我われはそれを見ることは叶わない。

日英・孫自慢大会

ヨーク着は12時前だから、昼食のサービスはないものと決めてかかっていたが、11時を過ぎる頃、ウェイトレスがランチの注文を取りに来た。向かいの夫婦は、なにやら注文している。当方は「結構です。コーヒーだけいただきましょうか」と一度は断ったものの、向かいの夫婦に配られたサーモン・サンドは随分美味しそうである。つれあいが「ここで食べておけば、ヨークの滞在時間を有効に使えるかも」と言い出した。たしかに、わずか4時間の滞在に昼飯時間は贅沢である。と、隣の車輌にサービスして帰ってきたワゴンが通路を通る。その上には若干のサンドウィッチが残っている。とっさに「サンドウィッチがとても美味しそうだ。その残ってるの貰っても良いかな」。ウェイトレスは「もちろん、じゃあ〜これ全部どうぞ」と言って、ほとんど二人分のサンドを取ってくれた。エッグとサーモンともに大変美味しい。コーヒーのおかわりが欲しい。

この様子を見て、向かいの夫人がニコニコ、眼が「そうでしょう、美味しいわね」と言っている。無言で本を読みつつサンドをかじっていた亭主が、やにわに本を置いて、和やかな目つきで、卓上の栞を示し「これはどうだい。うちの孫でね」と声を掛けてきた。

この栞、ことさらに卓上においてあったのは、そういうことであったか。「可愛らしいですね」とお世辞を言って、ようやく会話の取っ掛かりができた。「どこから来たのですか」「うちにも孫がいましてね」などと話していると、我がつれあいは携帯電話をゴソゴソいじっている。そして、４人の孫娘の写真を呼び出して、黄門さまの印籠のように、向こう様に向けて「コレ！」と突き出した。「オー、ラブリー」「お宅は娘なのね。４人も。うちは男の子が３人よ」と言いつつ、あちらの夫人もスマホの写真を見せている。うちのつれあいと来たら「これは着物を着た孫娘」「富士山を背景にしたものもあるわよ」と止まるところを知らない。要するに、おじいちゃん・おばあちゃんの孫自慢は世界中どこでも同じ、親睦の絶好の機会になるというお話。一気に親しくなって握手を交わしているうちに、「列車は間もなくヨークに着きます」と車内アナウンスが流れた。

古都ヨーク

鉄道博物館は有名なほどには感動しなかった。陳列物が多いのはよいが、雑然としていて簡略に見学する術がない。王室の御料車が多いのは、大宮の博物館に似ている。上述のＳＬ「フライング・スコッツマン」もあるはずだが、見つからなかった。これは動態保存のはずだから、どこかに出張中なのかもしれない。ＳＬ列車の形をしたミニバスで、ヨークの街に出た。

ヨークの街は人口18万の観光都市らしく、随分賑やかである。観光の中心はヨーク大聖堂とその南に広がる近世の面影を残した街並みであろうが、静かに歴史の街を味わうには、城壁を

（写真3-15）ヨークの城壁から

巡るのがよい。ハイピーター・ゲイトからグッドラム・ゲイトまで、大聖堂をとり巻いて歩いた。右手は城壁の内側で、記念碑的な建物の中庭がみえる。ガーデンパーティをやっている芝生もあった（写真3-15）。左は新しい住宅地のようだが、赤レンガの落ち着いた佇まいは、内側の古い建物と平仄が合っている。

大聖堂は長い入場者の列ができていた。塔に昇ることもできるようだが、入場料は随分高い。時間にゆとりがないことを口実に、入場は取りやめて聖堂前の広場でピアノの露天演奏を聞いた。孫娘が弾いていた曲のような気がする。考えてみると、一度も塔に上らないヨーロッパの旅行は、これが初めてではないか。年老いたから昇らないのではない。時間がないのである。

おわりに

帰りの列車でもサンドウィッチの食事が出た。民営化された英国の上級列車の一等席は、軽食を提供するのが普通になったようだ。しかし、18：00ロンドンに着けばツアーの一行との最後の会食が待っている我われのような場合、かえって迷惑な話ともいえる。しかも、昼と同じサンドウィッチだ。少し摘んであとは卓上に残した。地下鉄でオックスフォード・サーカスに出て、会食のレストランに急ぐ。18時を回ったオックスフォード街は、まだ真昼間の陽射しで、渋滞の車でごった返していた。大都会はどこの国でも似たようなものである。

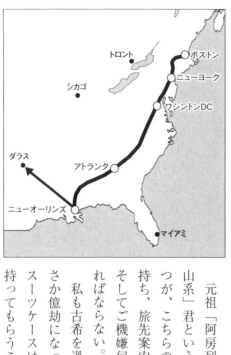

Ⅳ　アメリカ北東回廊と「三日月」阿房列車

恒例、阿房列車の序

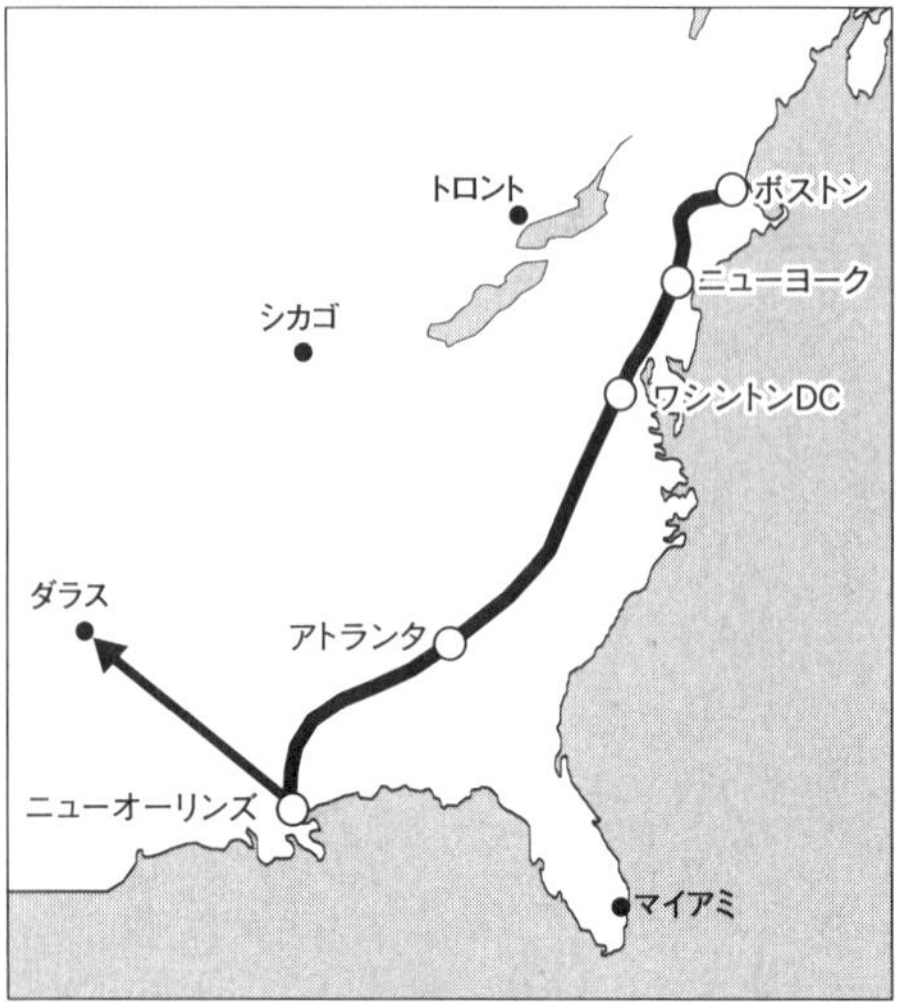

元祖「阿房列車」の「つれあい」は「ヒマラヤ山系」君というプロの鉄道マンだから随分役に立つが、こちらの「つれあい」は、旅程管理、荷物持ち、旅先案内、宿泊手続き、苦情処理、会計係そしてご機嫌伺いまで7役全てを私がこなさなければならない。

私も古希を過ぎて、大きな手荷物の扱いがいささか億劫になった。そんなことで、今度の旅からスーツケースは二つに分けて、つれあいにも一つ持ってもらうことにしたのだが、それでも荷扱いを全て手配してくれるパックツアーは有り難い。こんな次第で、今回もまたパック・ツアーの「ランド・オンリー」に乗ることになった。

ボストンはローガン空港に着いたところから「アメリカ建国の足跡、そして今を訪ねる」ツアーというのに参加して、ワシントンDCに至るまで、このツアーに付き合う。ワシントンDCからカリブ海に面したニューオリンズに26時間かけて走る寝台列車の旅と帰りの航空路は、「つれあい」と二人だけの旅である。２０１５年10月14日の昼、セントレアを発《た》って、25日の朝、セントレアに戻ってくるはずであった。

ニューイングランドと呼ばれるアメリカ

近頃の「ツアー」旅行

外国旅行はなんとしても、わが子のように慈しんでいる中部国際空港セントレアから出発したいものだが、アメリカ線は便が限られていて便利が悪い。一度、成田まで飛んで、ボストン直行便に乗ることにした。パック・ツアーにはボストンの空港に着いたところからお世話になるが、実はそのツアーも同じ便に乗る。それではと、旅行社の成田のカウンターに挨拶に寄った。しかし、最近はツアー参加客が事前に一堂に会するということはないのだそうで、銀髪痩せ型の中年女性添乗員の山峪さんは、「もう皆さん三々五々、搭乗口にお進みです。お席は承っておりますので、到着前に機内でお席までご挨拶に伺います」とのことであった。なかなかベテランの趣があって小柄ながら頼りになりそうな人である。

ＪＬ００８便は、成田を18：10に発って、10分前の18：00にボストン・ローガン空港に着く。ちょうど時差の分（サマータイムで13時間）だけ飛行機に乗っていたことになる。手荷物受取所で初の17名全員集合、寒さの身にしみる夕闇のターミナル玄関で送迎バスを待つ。なにか夜も更けた感じがする。ホテルに直行して、元気なメンバーだけ山峪さんを囲んで近所のスーパー巡り。私はコーヒーとドーナッツの立ち食いをして、つれあいと二人、高層ビル最上階のスカイウォークに上り夜景を楽しむ。独りでツアーに参加している中年女性が話しかけてきた。ボストン在住の音楽家の息子自慢をボストンの夜に聞かされた。

清教徒の上陸地「プリマス」

ボストン（マサチューセッツ州）を中心とした米国北東部のこの辺りは小さな州がいくつか集まってニューイングランドと呼ばれる。イギリスから国教会の弾圧を逃れて清教徒たちが新大陸に渡って（１６２０年）以来、18世紀後半の独立戦争の時代まで、この地域こそが新大陸アメリカであったといえる。「アメリカ建国の足跡」を訪ねる旅は、まずその最初の移民、ピ

（写真4-1）プリスマ・プランテーションにて

ルグリムファーザーズが上陸、定着したとされるプリマスを訪ねるところから始まった。晴天の早朝、一行を乗せた大型バスは高速道路をボストン都心部から南南東へ約50km、マサチューセッツ湾に面した浜辺の町プリマスに向かう。街の名は彼ら清教徒が出航した英国の港町に因むという。州際道路93号の有名な渋滞を抜けると道路際の森林の紅葉が既に始まっていた。

プリマス観光の焦点は「プリマス・プランテーション」と呼ばれる開拓村である。17世紀前半の頃、入植者たちが住んだ粗い木造の集落が、紺碧の海を美しく見下ろせる斜面に復元してある。砂地の道に沿って並ぶ建物のいくつかには、当時の衣服を身にまとった人々が暮らしている（ように装っている）（写真4－1）。この村の外には、原住民の住処も造ってあって、原住民（インディアン）衣装の若者たちがパフォーマンスを披露していた。入植者たちがこの地を上陸地に選んだのは、海岸線の地形条件が好適であったこともあるが、ここの原住民が一番友好的であったのも一因らしい。66日にわたる長い航海に疲弊して辿り着いた上陸者たちは、水源の確保、地産物の料理法などを教わって、九

（写真4-2）清教徒たちが上陸した海岸

死に一生を得たという。アメリカに端を発したという「感謝祭」の起源は、この原住民への感謝の念を忘れないためだと、ガイドが説明した。青い海に白いヨットが映える海岸に、彼らが乗って来た船「メイフラワー号」の二世号が繋いであった（写真4−2）。

ビーコンヒルとボストンコモン

昼食はボストンに帰って、ウォーターフロントのカフェで名物のクラブサンドとクリームパイを食べて、ビーコンヒルに向かう。ボストンが立派な街になって以来2世紀の間、富裕層が住む高級住宅街で、丘の斜面に石畳の道と赤レンガのタウンハウスが並んでいる。アメリカでは戸建て住宅は郊外にしかない。都心居住は富裕層でもこういった集合住宅で、それでも高級感で街全体をトータルコーディネートしている。数々の有名人の住居や歴史的事象の記念碑的建物もあって、「若草物語」の著者オルコットの住居もあった。この地区は都市計画的には有名な街だから、専門家としては前に見

（写真4-3）ビーコンヒルを散策

学に来たこともあるのだが、素人の観光客が皆こんなに楽しんで歩き廻るのには驚いた。街を眺めることは誰しも好きなんだ。本来なら通り抜けは遠慮すべき閑静な小路。丸い石詰めで歩きにくい急勾配の舗道を、沿道の玄関を覗きつつ三々五々歩く（写真4―3）。そのあちこちの玄関には、けったいな人形や野菜が吊るしてある。この手の街飾りは、この月末のハロウィーンに向けて旅程を追うにしたがって賑やかになった。

ビーコンヒルの丘を歩いて登り、南斜面を少し下ると大きな公園、ボストンコモンに出る。おもわずつれあいに講釈を垂れた。

「『コモン』とは、住民共有・共同管理の庭、すなわち公園を意味する。これを真似して名古屋の金山南ビルの公開空地に『ボストンコモン』の名を付けたんだ。ちょうどビルの中に『名古屋ボストン美術館』が入ることも決まっていたしね」

夕食は旧市街の一角に建つ「ユニオン・オイスター・ハウス」に一同揃って出かけた。ベイクド・ロブスターと名物のクラムチャウダーを楽しんだ後、Ｊ・Ｆ・ケネディ元大統領愛用の席というのを見つけて、つれあいと座ってみたことは、大勢の一行には内緒。胸に秘めておくことにしよう。

ボストン・ニューヨーク間ひと走りの特急「アセラ」号

アカデミックツアー

３日目の午前は、アカデミックツアーと称して、チャールス川左岸（北側）のケンブリッジ地区に広大な敷地で展開するマサチューセッツ工科大学（ＭＩＴ）とハーバード大学のキャンパスを巡った。午後は13：10発の列車でニューヨーク（以下、ＮＹ）に向かう。ツアー旅行で列車を使うのは珍しいが、鉄道好きの私には大変好都合、また多くの人が楽しんで乗ってくれるのは嬉しい限りである。

この列車は「アセラ特急」といって、２０００年に米国全国鉄道輸送会社（アムトラック）が開発した特急で、ボストン・ワシントンＤＣ間７３０㎞を6時間半で走る（区間速度１１０㎞／ｈ）。最高速度は１６０㎞／ｈぐらい出るはずで、通称「新幹線」、車輌はフランスのＴＧＶ様式（機関車と動力のない客車で編成）だが、線路改良に当ってはＪＲ東海が技術協力をしている。愛称「Acela」の由来は、acceleration（加速）と excellence（卓越）を合成した造語であると言われている。開業当初はなかなか順調に走らなくて、やきもきしたものだが、今日では1日11往復の安定した運行をしている。

「アセラ特急」に乗る

高速鉄道論議が昨今流行の米国で、話題性もあろうが、なんといってもNYまで370㎞を3時間半で行ってくれる便利さが、旅行会社がツアーに組み込んだ理由であろう。ツアー旅行に列車を使う最大の難点は、旅客の荷物の取り扱いである。かつて、ヨーロッパのツアーで列車に乗ったとき、添乗員はツアー客の若手男性を数人組織して、降車駅での荷扱いをバケツリレー方式で敢行した。今回は、乗車は始発駅（ボストン南駅）であるし、降車駅（NY・ペン駅）にも列車は15分も停車することになっている。ゆっくりポーターが動員できる。

列車には食堂車はなく、ビュッフェ車のみだから、昼食はどうするのかと楽しみであった。それがなんと、ボストン南駅に着いた我われを待っていたのは、折詰め駅弁の梱包であった。駅弁というよりもコンビニ弁当と言った方が当を得ているが、フィッシュフライをメインに白飯の暖かさがまだ残る、まごうことなき日本の「お弁当」に「お茶」まで付いている。もちろん、これは車内で食べることを想定しての現地ツアー会社の配慮であろうが、予定の発車時刻までは、まだ時間が十分ある。添乗員まで含めれば20人近くの日本人が、大きなドーム屋根に覆われた駅のコンコースの休憩テーブルに散らばって、弁当の「折」を開けることになった。誰も弁当を覗きに来るアメリカ人はいなかったが、〝顰蹙を買った〟とみるべきであろうか。

この駅は「南」駅と命名されているが、ボストンの中央駅である。駅の周辺は古い高層建築を保全しつつ再開発した都心地区南部の一角で、海岸というか入り江に近い。NY方面への幹線鉄道が出ているほか、ボストン南郊への郊外電車数路線のターミナルでもある。駅はホー

（写真4-4）ボストン南駅の「アセラ特急」

ルを要に櫛の歯のようにホームが拡がる「頭端型」の構造になっている。その左から2番目のホームの右側に、7両編成の列車が入線し、発車時刻より15分ほど早く乗車が始まった（写真4－4）。座席指定はなく席の確保は「早い者勝ち」、誰しもホームを行く速度は足早になる。そうなれば、大きい荷物はポーターに預けた日本人団体旅行は競争に強い。添乗員の「できるだけ皆さん、まとまって席を取ってください」との指示もなんのその、18人が1両の半分ぐらいの窓の条件のよいところの左右に散開して席を取った。添乗員の気苦労が思われる。これからの路線は、海岸線がすべて左に来るから車窓風景は左の方が圧倒的に良い

はずである。わが夫婦は左側で窓のよく見える、グループの最後方に席を取った。

一路NYへ

13：10、われらがアセラ特急（2167列車）は静かに定刻発車。市街地を抜けてマサチューセッツ州の内陸部を南西に斜断し、ロードアイランド州に入って州都プロビデンスに停まる（13：46）。州は替わるがボストン都市圏の内である。次の州境の辺りで左窓に小さな港町が見え隠れする。海岸、ヨットハーバー、湿地帯、砂浜、と車窓風景がバラエティーに富んで、とても楽しい。しかし、ツアー一行の面々はほとんどが昼寝の真っ最中。車窓から海岸が遠退き、列車は街に入って大きな駅に停まる（15：13）。ニューヘイブンというコネティカット州の都市である（スペルはhaven、「港」の古語で「天国」ではない）。

車窓の面白味がなくなったので、車内探検に立つ。飛行機と較べて、この車内散策が鉄道旅行の楽しみである。列車は外観は8両編成だが、両端が電気機関車だから客車は6両。一番前がファーストクラス、4両目にカフェカーがあって、一番後ろにエンドコーチというのが付いている。他の3両がビジネスクラスで、我われはカフェとエンドコーチ（これが何なのか、覗いてみようとしたがドアに鍵が懸かっていて入れない）に挟まれたビジネスに乗っている。カフェには客は一人二人、寂しい限りだ。客は軽食等も自席に持って帰るのが通例のようだ。その分、客席の折りたたみテーブルは大きい。また、所々に設けてある4人向かい合い席には折畳み式のテーブルが固定されている。いずれも、車輌の大きさ重厚さのみが印象に残る沈んだ薄暗い雰囲気である。居眠りに好適な環境ともいえ、貧乏根性の鉄道マニアだけがせかせかと歩き廻る。席に帰るとつれあいも車内の雰囲気に身を任せていた。

15：58、最後の停車駅スタンフォードに停まる。ここを出れば、あとはニューヨーク州だ。メガロポリス特有の、都市とも郊外ともいえる市街地を通り越すと、線路は高架になって、遠くにマンハッタンの摩天楼群が見えてくる。前方の印象的なローゼ橋はこれからこの列車が通って行くのだろう。マンハッタンに入ると、今度は列車は地下に潜って、我らの降車駅、ペンシルバニア駅は地下2階にある薄暗いホームに着いた（15：45）。

この駅舎の上には有名なスタジアム、マディソンスクウェアガーデンの円筒状の大きなビルがのっていて、地下2階からぞろぞろと階段を上って地上に出た我われ一行は、そのビルの白い曲壁の前で迎えのバスを待つ。晩秋の趣を漂わせた赤い夕陽が、林立する摩天楼の谷間に傾く。

フリータイムのNYとフェルメールで辿る美術館

ＮＹカットのステーキで奮闘

　このツアー、ＮＹでは自由行動の時間が随分多い。３泊２日の内、１日半（２回の夕食）が旅行者の自由に任されている。唯一のお仕着せ夕食は到着の日、ホテルに隣接するイタリア料理の店であった。翌日は早朝からバスでマンハッタン地区の遊覧。夜は最初の自主選択のディナーを、ニューヨークカットのステーキを食べに行くことになった。私は概して肉料理は苦手だが、それゆえ好きな肉がなかなか食べられないと常日頃苦情を漏らしているつれあいに、こんな時こそ詫びの気持ちも込めての埋め合わせである。実は、昨夜の夕食の折、会社の報奨旅行でこのツアーに参加している青・壮年男性の「二人組み」が、「明日の自由選択の夕食は、日本でも有名な『ウルフギャング』のステーキを食べたい。添乗員さん、店の場所を教えてください」と言い出し、往時、ＮＹに勤務経験のある熟年夫婦の坊野さんが、「私たちも、懐かしいＮＹのステーキが好い。私が案内しよう」ということになったので、我われも単独行の若者とともにお付き合いすることにしたのである。

　ところが、ロビーに集合すると、「二人組み」氏が「坊野さんは、ＮＹ滞在中の姪御さんと会うのが今日になったので、この食事には同道しません。あなたはＮＹの街のご経験がおありですよねえ」という。結局、若者たちを引き連れて、私がレストランに案内することになった。店は三番街53丁目だから、歩いて行く。

ところが、ようやく辿りついた店のドアに掲示された張り紙には、「先程、水道管が破裂して水が使えないため、閉店します」とあって、店長らしき男が「姉妹店がパーク街にあります。そこに席を取っておきました。タクシーを呼んでもいいのですが、歩いてもいけます」と言って店の地図を書いたメモを渡す。我われ5人は、再び夕暮れのマンハッタンを足早に行進することになった。

腹は減るし、彼らの店に対する思い入れは深いので、注文が大変である。彼らはプライム・ポーターハウスという2人前以上で食べられるステーキをお望みらしく、それを分けて食べたいとスマホで英訳語を示してボーイに交渉している。しかし、ボーイは暗くて見えないから口で言えという。本当はボーイは英文が読めないことだって多いのだ。しかし、「二人組み」氏の喋る英語は、なかなかボーイに伝わらない。仕方がないから、下手な通訳を買ってでると、なんと彼らはステーキは3人前でよいのだが、あとで勘定書きを別々にしてくれと伝えたかったようだ。それなら、「シェア」ではなく「セパレイト」と言わなくては駄目だ。

我われは、私の好みに併せてウェルダンのフィレ・ステーキを注文する。それに、ポテトとサラダのサイドオーダーだ。NYの肉は大きいから、二人でひとつでよいのではと思ったが、格好をつけて二人前とした。結局二人とも、400gはあるであろう炭のように焦げたステーキを半分も食べることができなかった。つれあいはウェルダンにしたのが好くなかったと、私のせいにしている。彼らも、緊張感が未だ残っていたためか随分残したから、土産にして持って帰るように手配してやった。ホテルで再度食べる気にはならないであろうが、ほんのいたずら気分である。随分寒くなった歩いて帰る道すがら、いろいろの難関を乗り越えての満腹感は、それなりに達成感のあるものではあった。

フェルメールにこだわる

この日の午後はツアーでメトロポリタン美術館を観賞した。キャロライン・ケネディ駐日大使にそっくりのガイドが付いて1・5時間でざっと回ると、自由に観賞できる時間はほとんど残されていない。入場無料の館内は大変な混雑で、駆け足で印象派とフェルメールのコーナーまで再度行って帰るだけでいっぱいであった。

翌日曜は終日フリータイム、朝の行程はセントラルパークの散歩で始まった。11時にアッパーイーストサイドのフリック・コレクションが開館するので、それまでの間つれあいに、この「世界で一番有名な都市公園」を紹介したいのである。私にとっても37年ぶり2回目のセントラルパークである。閑静な都市公園を楽しむつもりであったが、乳がん撲滅運動のピンク色の群衆に飲み込まれ、あわや方向を見失う程であった。それでも、フリック美術館の前の舗道には入館待ちの行列が長蛇の列を成していた。民間（鉄鋼王ヘンリー・フリック）のコレクションながら、ここも日曜日で入場料が無料なのであった。邸宅をそのまま使った、あまり大きな美術館ではないが、フェルメールの絵が3点ある。つれあいはことのほかフェルメールが好きである。調べてみるとお仕着せの訪問美術館、ボストンではフェルメールの特別展をやっており、メトロポリタンとワシントンDCのナショナルギャラリー（自由行動で訪ねるつもり）にはたくさんのフェルメールがある。そして、このフリックにもあるのであれば、これを訪ねないという方はない。

フェルメールは世界に愛好家の多い画家であるが、寡作の画家としても有名である。元来は画家ではなく画商であったらしい。そして、43歳で没するまでに36点の作品の存在が現在確認されており、オランダの人であるにもかかわらず、意外にもアメリカに現在14点が所蔵されている。この旅行で、そのうち13点を観賞することができた。ボストンの特別展では有名な「天文学者」（ルーブル所蔵）と「手紙を書く女」（ナショナルギャラリー所蔵）が堪能できたし、メトロポリタンでは「リュートを調弦する女」「信仰の寓話」など4点を見ることができた。そして、このフリックでは「士官と笑う女」「音楽を中断された女の子」「女主人と召使」の3点が薄暗い階段ホールの壁などに懸けられている。なぜ、フェルメールにこだわるのか。我がつれあいは、「フェルメールは数は少ないから価値がある。それに絵に物語性がある」と言っている。8年前にベルリンで初めて出遭い、昨年、エディンバラで再会した。海外旅行の印象と結びついた感動が忘れられない。

「つれあい」とヒラリーと

晩い昼食を美術館近傍のカフェで済ませ、エンパイアーステートビルに昇るべく、地下鉄で移動した。NYの地下鉄は改札口を通るのに、昔からトークンというコイン型の一風変った乗車券を使っていたが、それは2003年に廃止になって、今は月並みなプリペイドカードを使っている。これが、カードを改札機に通してから回転棒を押すところのタイミングが微妙に難しい。しかも一回失敗するとしばらく再チャレンジできない。つれあいがカードを通しても回転棒が動かないと戸惑っているので、「こうやればいいのだよ」と私が先にホームに入ってしまった。改札口の脇の仕切りは背よりも高く、ホームからつれあいに話しかけることもままならない。つれあいは、何度も改札機に挑戦してみたけれど、上手くいかないので、案内係のブースに行った。両替も担当するらしい案内係は、セキュリティ対策のためか、硬い透明のプラスティック塀で囲われていて、決して外には出てこない。つれあいは小さな両替用の窓口を覗いて、なれない英語でプリペイドカードを示し、「ホームに亭主が先に入ってしまった。このカードは不良だ。どうすればいいの」とでも聞いているのだろう。黒人のすごく太った案内係の駅員は、カードを没収してしまって、改札口の脇の柵（塀と言った方がリアルだ）を指差している。そこのラッチ（鍵）を遠隔操縦で解除したからそこから入れ、と言っているようだ。私がその柵のところへ行くのと、つれあいが柵を押して入ってくるのとは同時であった。つれあいはまだ緊張が覚めやらない表情で、「酷い！私を置き去りにして先に行ってしまって。それに、カードを取られてしまった。降りる時はどうするの」と息巻いている。NYのシステムでは、カードは乗車の時だけ使うので、降車の時は回転棒を押すだけで出場できるのである。

後日談であるが、本稿を書いている今日（２０１６年4月10日）のこと、民主党の大統領候補ヒラリー・クリントン氏が予備選挙でNYに乗り込み、庶民派をアピールするため地下鉄に乗って見せて、同じような騒動を起こしている。対抗馬のサンダース氏は、NYの地下鉄はまだトークンを使っていると思っていたのだそうだ。IT革命は米国の方が進んでいると思われるが、庶民レベルへの普及は、あるいはその精度において日本が一歩先んじていると言えそうである。

エンパイアステートビルは比較的空いていた。屋上に出ると天気は良いが北風が強く、午前中に散歩したセントラルパークの側は、寒くて眺めてなどいられないのであった。夜は、夕食を済ませて、ミュージカル「シカゴ」の観賞が待っている。今夜は寿司にでもするか。

ジョージタウンで知る都市・ワシントンDC

「阿房列車」は列車に乗った話をするのが本旨であるが、今回はそうではない話が随分多くなった。しかし、もうひとつ列車とは関係のない「街の観光」の話を書いておきたい。ワシントンDCの郊外の街のことである。（写真4－5）

(写真4-5) ホワイトハウスを背に記念写真

ジョージタウン概説

ツアーの一行とは前夜のレストランで別れの挨拶をし、翌朝一行を見送ってから、我われはゆっくり朝食をとり、身繕いを終え、荷造りをしてホテルの部屋を引き払った。大きな荷物は二つ、ボーイに預けた。コンシェルジュから手に入れた市内地図でホテルの位置を確認した上、軽装で二人、勇躍街の散策に出掛けた。今日は、観光地区ではなく、高級住宅地と大学・研究機関の町といわれるジョージタウンを歩いてみるつもりである。町はDCの北西、ポトマック河の北岸に東西に長い長方形状に広がっていて、その西の端にジョージタウン大学がある。合衆国首都に指定される前までは、ワシントンとは別の町であったらしい。とすれば、この町の名、「ジョージ」はどこから来たのだろうか。米国南部の「ジョージア州」の英国王由来とは異なって、初代大統領「ジョージ・ワシントン」に由来すると、私は思うのだが、どこにもその解説が見つからない。

ワシントンDCの街は、東西の通りがアルファベット記号で、南北の通りが数番号で表されている。数少ない斜めの通りは、州の名である。27丁目以西の地帯がジョージタウンである。まずはM通りをずっと西に歩く。通勤時間が終わって、高級店舗やオフィスが開くにはまだ少し早い時刻、通りは意外に閑散としている。晩秋の朝の陽射しがやさしくも胸をときめかせる。ワシントンとジョージタウンの境界は、ロッククリークが形成しており、小さな橋を渡って目的の町に入ったことを知る。道は西に向かってやや上り坂で、青空を背景に赤レンガ造り黒瓦屋根の低層商店が並ぶ。頭上をダレス・ナショナル空港に降りる大型旅客機が驚くほど低く飛び過ぎる（写真4−6）。

（写真4-6）ジョージタウンM通り

ジョージタウン逍遥

坂を登り詰める辺りで、M通りはウィスコンシン通りと交差する。この辺りまで来ると左手のポトマック河との高低差はかなりのものとなっており、間に流れている用水路にはプロムナードが沿っている。大通りからは低層に見えるビルも、水路側からは立派な中層のオフィス・ビルである。通りからパッサージュを中層ビルに抜けると、ビルの2、3階は研究所かコミュニティカレッジに使われているらしい閉鎖的な建物だった。斜面の中間に位置する細い小径に出れば、数本の白樺が立つ脇には小さな茶店がランチの準備中であった。

（写真4-7）ハロウィン飾りのある住宅（ジョージタウン）

踵《きびす》を返してM通りにもどり、通りを渡って北側の本格的ジョージタウンに入る。今度は、街路樹に覆われた閑静な住宅街の、かなり急峻な坂道を再び登る。沿道の2、3階建てのタウンハウスはレンガ造りか白壁で、数段の階段を伴う玄関の扉にはハロウィンの花飾りや髑髏の人形が懸かり、階段には大きなカボチャが置いてある家もある。交差

（写真4-8）往時は電車も走っていたジョージタウン

する○通りには、路面電車の線路がレールを埋め殺して残っていた。（写真4−7、8）

坂を上り詰めると左手（西側）に大きな建物の並ぶキャンパスが見えた。どうやら、大学地区に差し掛かったようだ。さらに行くと、まごうことなき学校施設の建物があり、門には守衛が立っている。トイレを貸してもらえないか、と守衛室に訪ねると、門を入って左手のビルを指示された。ビルは意外に重厚な建物で、内装は荘重というにふさわしい。玄関では大学生と言うには若い制服姿の女子学生に会った。探し当てたトイレのドアもオーク材のような重い扉である。用を足して、つれあいを待ちつつ、向かいのオフィスの雰囲気を探るに、どうやらここは大学付属の女子高校のようであった。そうそうに退去する玄関口では、濃い茶色のガウンを身に纏《まと》ったシスターが丁寧に挨拶をくれた。私たち夫婦も、孫娘の高校を訪れた気持ちで、丁寧に腰を折った。冷や汗はあとから出てくるものである。

今度は足を東に向ける。当面は高台の上の平坦な街路で、似たような豪壮な住宅やタウンハウスが、屋敷林や街路樹の緑陰の中に建っている。先程の○通りまで戻って写真を撮った後、

Ｐ通りを東に進む。子どもたちの喧騒が聞こえる脇の細い道をＱ通りに出ると、緑の大木に蔽われて、沿道に大きなビルがあった。「ひょっとしてこのような落ち着いた伝統的な建物でも病院ということもありうる」などと話しつつ門標を読むと、「ホスピス」とあった。また、この地区の東の端、通りがＳ字カーブをきりつつロッククリークのダンバートン橋に下る右手には、和訳すれば「ダンバートン・サービス付き高齢者住宅」と読める重厚で年季の入った中層住宅ビルがあった。

フィリップスコレクションに遇う

ロッククリークを渡ればもうワシントンである。交通量も多くなる。Ｑ通りを少し東に進むと、ワシントンＤＣきっての大通り、斜めに走るマサチューセッツ通りと交差する。この辺り、各国の大使館が軒を接しているので「大使館通り」とも呼ばれる。大交通量の交差点をおっかなびっくり歩いて渡って、次の角を左に入ると「フィリップスコレクション」美術館がある。都心型美術館の典型で、建物はジョージ王朝復古様式。普通の豪壮な邸宅建築と違いはなく、看板・広告の類もほとんどないから、とても美術館とは思えない。

ピッツバーグの鉄鋼王の財産継承者、ダンカン・フィリップスの創設（1921年）になるもので、「アメリカで最初の現代美術館」と呼ばれるが、印象派の傑作ぞろいと言った方が、私たちにはピッタリする。とくに、ルノワールの「舟遊びの昼食」が有名だが、私にはセザンヌの作品の幅の広さを教えてもらった感が強い。また、ピカソも面白いものが多く、ゴッホもあって、昼食前の空腹を押えてて駆け足で見て周るのではもったいない。

大変遅い昼食は、17丁目まで歩いて寿司屋で摂った。折角の外国旅行なのに、また寿司か、と驚く向きもあるであろう。しかし、それ程わが夫婦は寿司が好きだ。そして「海外でも、どこそこの寿司はいける。あそこの寿司にはマイッタね」という老後の会話の種を蒔きたいのである。それに2時を過ぎて、安心して入店できるレストランなど寿司屋ぐらいなものだろう。で、その「すし太郎」という寿司屋の評価であるが、よくNYの寿司は美味いというが、ワシントンでも名古屋の寿司屋（名古屋は一般に美味くない）より格段に美味かった。

一路南国へ、「三日月」号

旅の送迎ガイド

朝からの街歩きはさすがにかなり疲れたし、今夜は夜行列車である。迎えを待つ1時間ほどはホテルのロビーで休むことにした。しかし、ロビーは大変混んでいて、ソファを確保するのが難しいほど。一角にあるコーヒースタンドでコーヒーとマカロンを買って食べた。つれあいは今でも、あのマカロンは美味しかったと言っている。

愈々、今夕18：30、本旅行の中心課題ともいうべき、ニューオリンズ行き寝台特急「クレセント」号に乗る。終着は現地時間の明日、19：32だから、時差の1時間を加えれば26時間の乗車時間である。せっかく寝台特急に乗るのだから、寝台は夫婦で専用できる個室をとることにした。一応最高級の個室寝台のこの室は2両合計で4室しかない。我が常用の旅行社の花泉さんよく取ってくださったと、感謝せずにはすまされない。なお、列車愛称の「クレセント」とは、「三日月」の意味で、終着地ニューオリンズの土地の形が、蛇行するミシシッピー河の影響で、「三日月市」と呼ばれることに由来している。

ホテルから、大きなカバンとともに私たちをワシントンDCの中央駅、ユニオン駅までタクシーで案内するガイドは、17：00にこのロビーに来る。列車のチケットは、そのガイドが持ってくる。日本でインターネットを駆使すれば、自分でいわゆるEチケットが入手できるのであろうが、こちらがそれに慣れない上に米国で夜行寝台列車に乗るという旅のスタイル自体が先進ITとは馴染まない。やはり、リムジンで駅頭に乗り付けて、ポーターに荷物を託して、ガイドからチケットを受け取っておもむろに駅の待合室にのり込むのが相応しい。

しかし、定刻に現れたガイドは、日本人向け旅行会社現地駐在の紛れもない日本人男性スタッフであり、雑踏したホテルのロビーでQコードのプリントされたアムトラックEチケットの一枚紙を、ニューオリンズのホテルのバウチャーとともに渡してくるのであった。さすがに荷物の積み込みは手伝ってくれたが、車も、私がドアボーイに頼んで流しのタクシーを拾わせることになった。案に相違して、夕方のラッシュアワーというのに道路は空いていた。中東から出稼ぎの運転手の故郷の戦乱への危惧を聞いている間に、列車の発車時刻の1時間前にはユニオン駅の豪壮な白亜の建物の前に着いた。

しかし、駐車スペースがないから、「一瞬で降りてトランクから荷物をすぐに下ろしてください。あっ、その前にタクシー代を払ってください」。ポーターなど、どこにも見えない。しかも、青空の下、金色の夕日に照らされた壮麗な駅舎の外観を楽しむ間もなく、そそくさと駅玄関の内に、大きなカバンを牽いて駆け込まねばならないのであった。もっとも、つれあいのカバンはさすがにガイドが牽いている。

ワシントンDC、ユニオン駅

それにしても、この駅舎ビルの素晴らしさといったら、大きさといい美しさといい、そして豪華さといい、まさに言語に絶する。私は国内外を問わずたくさんの駅を見てきたが、その中でもこの駅は、気品の高さと賑やかさにおいて秀逸である（写真4-9）。とくに米国では、多くの伝統ある気高い雰囲気を持ったユニオン駅の駅舎が、ミネアポリスやアトランタのように

（写真4-9）ワシントンＤＣのユニオン駅

廃止され、廃屋と化して除却されてきた。一方、賑やかさを維持して今に生きる中央駅は、先に見たボストン南駅やＮＹペン駅のように大改造されて往時の面影を喪失している。

こんな話をガイドにすると、コンコースの真ん中で、「どうぞ、しばらく散策して、写真でも撮ってきてください。時間は十分あります。私がここで荷物を見ています」と言ってくれた。早速、つれあいにも待って貰って、まずは駅前広場に走って戻り、駅舎ビルの全景を撮ることから始めた。気が急《せ》くことこの上ない。この中央コンコースのホールを中心に左右に翼を張り出した型の駅舎の平面構成を概観するに、中央コンコースに交差する3軸のコンコースというか回廊からなっており、一番外側は街のアーケード商店街と変わらない。真ん中の軸廊に沿って、案内所やキオスク、土産物店、コーヒーショップが並んでいる。その内側の半分ぐらいが改札口と待合室になっている。この真ん中の軸廊と一番内のそれとの間に柵（ラッチ）があって、最も内側の軸廊は地下に並ぶホームに降りるラッチ内コンコースである（写真4－10）。

（写真4-10）ユニオン駅の伝統コンコース

待合室に腰を下ろしてしばらくすると、ガイド氏はおもむろに、「実は私、長距離列車旅行の方のお見送りをお世話するのは初めてでして、何をしたらいいのかよく分かりません。何かご要望があれば致しますが、竹内様は列車の旅の達人のようですし、間もなく改札も始まるようですから、よろしければ、私はこれで引き上げさせて頂きたいと思います」と言う。いや、改札までは未だ20分ほどあるだろうが、できれば、私も車内に持ち込む酒や水などを買いまわりたいのだが。「そうですね。結構です。お帰り下さい」。「では、何かありましたら、この電話番号にお電話下さい。日本語のできるものが常時対応いたします。また、明晩、ニューオリンズ駅にはリムジンが迎えに出ることになっています。運転手は日本語ができませんので、なにか問題が生じましたら、同様にお電話でお願いします。では、良いご旅行を」と言い置いて帰ってしまった。しかし、大変重要な仕事を頼むのを忘れていた。実は、飛行機と同じで、大きな手荷物は手荷物車に預ける別のチェックインが必要だったのかもしれない。その手続きは煩わしそうでよく分からないので、それでガイドを頼むのだった。しかし、列車旅行送迎の経験のない彼は、重要な仕事をし忘れたことに、きっと未だに気がついていないであろう。その場は我われも気がつきもせず、大きな手荷物を交替で監視して、トイレに行ったり、買物をしたり、26時間の列車の旅に心うきうき、のんきなものである。

発車

改札が始まったのは発車定刻の10分前であった。大きなカバンをエスカレータで下ろして、階下のホームに降りると、列車はもう着いていた（写真4−11）。どのぐらい前からここに停まっていたのかは分からない。NY始発のこの列車の前の回送発車駅、バルティモアは17：12発とあるから、ひょっとするとこの列車は30分近く停まっているのかもしれない。ホームは半地下の構造で、レールは駅舎ビルの下から街の地下に入るようだ。ホームの先端はまだ夕日の明るさがある。丁度、エスカレータの下に停まっていた私たちの乗る車輌1911号のA室に荷とつれあいを放り出し、ホームに戻って車輌編成の検分をする。あまり長い編成ではない。重連の電気機関車の後ろについている手荷物車を除けば、前から寝台車が2両、

（写真4-11）「三日月号」を牽く機関車

食堂車、ブッフェカー、コーチ（座席）車が4両の8両編成である。

未だ日のある最後尾まで行って写真を撮り、自分の車室に戻ろうとすると、まだ発車2分前なのにデッキのステップが揚がり、扉が閉まっていた。あわててホームの女性駅員に合図をし、扉を力いっぱい敲いた。随分スロモーに感じる再開扉操作をしてくれた列車掛の黒人大男は、無表情に指を一本立てて、私の搭乗を迎えた。彼とて己の担当乗客をホームに残したままデッキを閉鎖した自分の失策にビックリしたのだろう。この後しばらく、彼は愛想が悪かった。私はわたしで、挨拶もそこそこに、胸の動悸も覚めやらず、車室に逃げ込んだ。つれあいが「どうしたの」と聞くが、その説明はしばらく後のことにしたい。もちろん、列車は動き出しており、首都の地下の闇の中を走っている。

アメリカの鉄道の車輛はとてもデッカい。そして丈が高い（線路の建築限界は貨物列車のコンテナ2段積みに対応しているのだから）。そしてホームが低く、レールとほとんど同じ高さだから、デッキの扉を閉められると、ホームから見るとまさに見上げるような巨大で長く続くジュラルミンの壁であって、無力感に苛《さいな》まれる。私の眼の高さなど車輛の床とほとんど同じである。もちろん、扉を開ければデッキの床の下に3段のタラップが出る仕組みにはなっているのだが、乗降時にはさらにその下に、列車掛が踏み台を置く。実際、先程乗車の折には、そこまでやってもらっても、大きな手荷物を持ってはステップが昇れないから、手荷物を二つ、ギックリ腰を警戒しつつ、まずデッキの上に担ぎ挙げて、それからつれあいのお尻を押し上げたのである。

こんな大きい車輌だから、車室はゆとりができそうなものだが、幅は十分ある2段ベッドと一脚のソファ、そして洗面台、トイレ（シャワー付き）を設備するとなると相当狭苦しい。上段が未だセットしてない下段ベッドに二人並んで座ると、左手が重々しいカーテンで飾った車窓。右手に出入扉。対面右手に洗面台と鏡台、対面左半分には折り畳みのくせに妙にどっしりした1人掛けの回転式ソファがあって、ベッドと合わせて窓際に向かい合わせの卓ができるようになっている。その向こうの壁には全身大の鏡が張ってある。トイレは洗面台の裏にあって、入口はソファとの間にある。シャワーの使用法を納得するのは難しく、便座の前の足を置く空間がそのままシャワースペースになるのであった。シャワーを浴びれば便器も濡れるから、いつも蓋をしておかないと便座が濡れて大変である。脇のトイレットペーパー・ホルダーは壁のくぼみにセットしてあって、水密性の蓋がしてある（写真4－12）。

（写真4-12）「三日月号」の車室内（左からトイレ・シャワー、洗面所、通路扉）

問題は、部屋に持ち込んでしまった二つの大バッグである。トイレと通路の天井の上が荷物置き用に空いているのだが、これを持ち挙げたら、腰を痛めるは必定。致し方ないから、ソファを畳んでその上に置いた。不安定な感じだが、夜の間は車窓に関心はないからよしとした。

車上のナイトライフ

（写真4-13）準備中の食堂車

発車して30分ほど経った頃、夕食の準備が整ったと例の列車掛が呼びに来た。外はもうとっぷり暮れて、疎らな街の灯りが車窓を流れていく。発車時の一騒ぎの余韻も冷め切らず、晩餐用に着替える気力も薄れて、早速、食堂車に向かう。といっても、隣の車輛だ。

やはり晩餐の時間の食堂車は賑やかさが違う。しかし、米国の旅客は気取りが少ないから英国や欧州のような華やかさは感じられない。写真を撮りたいが、我々のテーブルの前には一人の男性老人が席を占め、なにやら手書きで文書を認《したた》めている。それに、つれあいは「写真を撮るなら、料理が並んでからにしようよ」という。なに、料理が並べば、いつでも写真をとることなど忘れるのだが（写真4―13）。

メインディッシュはステーキとサーモンのムニエルから選べるので、つれあいはステーキ、私はサーモン、それにグラスワインをオーダーした。デザートは随分幾つも選択肢があったが、何を選んだか今は忘れてしまった。周囲の客たちの風采や行状を眺めつつ、つれあいと気儘な評論を楽しんでいるが、日本語を理解する人が近傍に居たら大変である。

私には機嫌の悪い列車掛も食堂車を手伝っていて、結構甲斐甲斐しくしている。つれあいに乗車時の騒動を詳説すると、「ガタイはゴリラのように大きいけれど、優しそうで、なかなかイケメンじゃないの」と言う。名古屋の東山動物園には、「イケメンゴリラ」という人気者が居るのだそうだ。以後我々の間では、彼を愛着を込めてそう呼ぶことになったが、これも他人には聞かされないことである。彼の、私に対する厳しい眼差しも翌朝には一気に改善されて、優しい笑顔すら見られるようになった。あの邪魔で難儀な手荷物も、いとも容易に天井の棚に上げてくれた。

車室に引き上げてしばらく、つれあいが呆れるほどの長い時間、スコッチを嘗《な》めながら、漫然とぬばたまの車窓を眺める。ファ～ンフワ～ンと列車は無闇に警笛を鳴らして走る。踏み切りのある地平面上の線路を高速で走る列車は、こんなに警笛を鳴らすものであろうか。日本の新幹線には踏切がないから経験がない。つれあいは少量の酒に酔ったのか、シャワーも浴びずに、上段ベッドでもう寝てしまった。そろそろ22時になるであろうか。私も、シャワーの使い勝手を勉強して一浴びしベッドに入り、本でも読みながら就寝するとしようか。私には、この列車の揺れが好適な催眠薬である。

豪華な朝食とアトランタ駅の散歩

いつもは朝寝坊の年寄りなのに、列車の揺りかご効果による快眠のせいか、06：00に眼が覚めた。車窓は未だ真っ暗。06：30、モーニングコーヒーを請求に行ったら、イケメンゴリラ君を叩き起こすことになった。コーヒーを持ってきた彼は、飲んだらすぐに食堂へ行け。朝は自由に朝食を摂ることができて、用意はもうできている。その間にベッドは畳んでおく、と言う。隣の食堂車に向かう頃には夜も明け放たれ、列車は疎林の続く原野の中を走っている。

朝食の向かいの席は黒人の女の子の二人連れだった。おはようございますと挨拶をして、メニューに眼を走らせる。通常のアメリカン・ブレックファストと言ってしまえばそれまでだが、卵料理には大変選択肢が多い。私は単純なフレンチトーストを頼んだが、つれあいはオムレツの中身を自ら注文することにして、具の食材を列挙した後、「……ウィズアウト チーズ」と締め括った。老ボーイは、一瞬戸惑ったような顔をした後、「OK、チーズ」と引き取った。私は、あの戸惑いは何だったのか、大丈夫かな、と思ったような気がする。待つこと暫《しば》し。つれあいの前に置かれたプレートには、チーズしか入っていない小さいオムレツが載っていた。つれあいの最後の一言は要らなかったのだろう。彼はメモをしていたわけではないし、彼らの日常用語には「ウィズアウト」などという言葉はないのではないか。では、「チーズは要らないよ」と言う時、何と言うか。注意して、他の客との会話に聞き耳を立てていると、「ノーチーズ」と言えば良いようである。まあ、つれあいは私のようにチーズが食べられないのではなかったから、何とかよかったが、眠気も一気に吹き飛ぶ朝食ではあった。

車室に戻る頃には、車窓は都市郊外の様相を呈し始め、8時少し前にはアトランタの駅に列車が停まった。定刻は08：13だから、15分ほどの早着である。日本人はこのことに驚くが、世界的に見れば驚くほどのことではない（中国の鉄道など、30分の早着にも驚かない）。そして発車予定の08：38まで、40分間ほどの停車である。ホームでゆっくり朝の運動ができる。しかし、やっとベンチが置けるほどの狭い島式ホームが1面（2線）あるだけで、運動用のフィールドとしては全く物足りない。ホームの階段を橋上駅に昇ってみても、広い郊外街路に開いている小さな駅舎に、数客のベンチとトイレのある待合室があるだけで、寂しい思いをするのは必定なことを、私は知っている。

アトランタの駅は、昔は「ピーチツリー駅」と言った郊外の小さな駅を使っている。だから駅の周辺には高い建物は全くない。左の窓からは、遠くに都心の摩天楼群が見える。かつての

（写真4-14）アトランタ都心地区遠景

中央駅（ユニオン駅）は、この都心の再開発地区オムニの種地となった。実は私は36年も昔、この郊外駅からワシントンDCに向けて、今日とは逆のクレセント号に乗ったことがある。30半ばの青年が5歳ほど年下の友人と二人で米国の鉄道事情の視察を敢行した時のことである。その時は、本当にこの駅でよいのか半信半疑で胃の痛くなる思いをしたことを思い出した。

今は、都心の摩天楼も随分多くなった（写真4-14）ようであるし、右手前方にも摩天楼群が見える。追いかけてホームに降りてきたつれあいと「あの時は、都心と反対方向に歩き出し、気がついて慌ててバスで戻って都心に辿り着いたのだった」などと話していると、でしゃばりの太った白人の小母さん乗客が、「階段の上に上がると、街がよく見えるわよ」と、教えてくれた。そんなことは、私は36年前から知っている。

7つの州を越えて

アトランタはジョージア州の首都、さすが大都市である。発車後の車窓は、赤土の目立つ木立の間に戸建ての住宅が点在する郊外の風景がしばらくつづく。やや大きい池に水を湛えた公園も見える。そんな中で、列車が徐行して停車した。前方に絵で書いたような「三角ポイント」が見える。線路分岐確認のための信号停車であろう。アトランタから南東に向かえば、フロリダ州のジャクソンヴィルで大西洋岸に出る。南に向かうとモントゴメリーを経て最短距離でメキシコ湾に出る。逆に北に向かう線路は、テネシー州のナッシュビルを経て、遥かシカゴに達する。我が、「三日月」号は今は西に向かう。しかし、ここでの分岐は十字交差ではなく、左に線路を分けるだけだ。右の車窓から別れていく線路は見落としたかもしれない。しばらく停まって、09:52、列車はおもむろに動き出した。

アメリカ大陸の大地は広い。日本と違って、車窓に街の影が見えている時の方が少ない。しかし、シベリアのように針葉樹林が延々と続くのではなく、オーストラリアや中国西北部のように沙漠が広がるわけでもない。赤土の大地に広葉樹の叢林があり、ときおり農家の建物が混じるのが一般的である。10時近くなって、珍しく大きな森林に出くわした。それを抜けると行違い交換場があって、列車は静かに一旦停止した。窓の外は、いい加減な野原が広がり、カートも見えるので、一応ゴルフ場のようである。間延びのした警笛が「ブウォー」と鳴って列車は動き出した。

トイレから出てくると、つれあいが興奮して、「今、窓一面にすごい大規模な軍事基地が見えたよ。線路沿いに泥だらけの戦車が何百台も並んでいた」と言う。残念なことをした。米国ならではの景色を、私は見損なったようだ。間もなく列車は、アニストンの駅に着いた。私の時計では11：11、定刻の10：00からは1時間以上遅れているようだが、アニストンはアラバマ州だから中部時間帯に入った。時差調整をすれば、11分の延着である。

ところで、我が「三日月」号は、乗車したワシントンDCから終着のニューオリンズまで、1843kmを7つの州を横切って走る。昨夜の内に、ヴァージニア、ノースカロライナ、サウスカロライナと走り抜け、今朝はジョージアを横断して、先程アラバマ州に入った。5つ目である。この先、昼から夕方にかけて、ミシシッピ州の東南部を斜断してルイジアナに入る。考えてみると、今回の旅行は、はじめマサチューセッツ州に入り、「アセラ」特急でロードアイランド、コネティカット、ニューヨークの4州を通り抜けた。また、バスでニュージャージ、ペンシルバニア、デラウェア、メリーランドの4州を走ったから、全部で15州、アメリカ合州国全50州の内、3分の1近くを通ったことになる。11：43、定刻より7分早く、バーミンガムに着いた。アラバマ州北部の中心都市である。さすがに、駅前には白い高層ビルが幾つか見える。しかし、ホームは乗降客とてほとんど見えず、15分の停車時間をもてあます寂しい限りの昼日中であった。

退屈な昼下がり

昼は昼食とはいえこの列車最後の食堂車、終着は7時半だから夕食は随分遅くなりそうだし、しっかり食べて、楽しんでおかねばならない。テーブルの相席は赤ちゃんを連れたいかにも南部地元風の白人夫婦であった。「はじめまして。朝は見かけませんでしたね」と話しかけると、「今朝、この列車に乗ったのです」と答えて、子どもの世話に余念がない。会話はそれで打ち切りとなった。

メニューはアメリカのランチらしく「ハンバーガー」。他の選択肢はない。げっそりしてチーズを剥がして齧りついたのだが、これが意外にイケルのであった。さすがに、向かいのママさんのように、コーラで流し込む気にはなれなかったが、アメリカン・コーヒーがなくても唾液が出てくるのに驚いた。往時、ミネアポリスからシカゴに向かう深夜バスのドライブインで、初めてハンバーガーという物を立ち食いしたときの、あの味気なさは忘れられない。コーヒーで喉に流し込みつつ、「俺は今後、二度と食わない」と誓ったものだが、36年ぶりの新発見と反省の思いではあった。きっと、アメリカの食生活も進歩しているのであろう。

窓外の景色を眺めているのか、居眠りをしているのか、自らも判然としないこの弛緩した状態が、阿房列車の旅の昼下がりの本質かもしれない。列車の運行まで、弛緩して、遅れが目立ち始めた。もう15時を過ぎて随分になるのに、列車は停まる気配もなく、とろとろと走り続けている。15：48、50分遅れてメリディアンに着いた。この駅からはミシシッピー州である。なんとなくラテン風のというか西部劇風の壁を臙脂色に塗った小ぶりな駅舎の前に、3分間の短い停車。17：28、小都市郊外の小駅に小停止ここから終着まで約3時間。途中の停車駅は二つあるが、いずれも時刻表にはフラッグストップの印がついているから、今日はおそらく停まらないであろう。フラッグストップとはホームの先端に合図の旗が揚がっていないと、列車が通過する駅のことを言う。したがって実質的にはこの小駅が、我が「三日月」号最後の中間停車駅となる公算が強い。実際、発車間もなく、かのイケメンゴリラ君が、「終着ニューオリンズには、遅れて20時頃の到着になります」と、知らせてきた。

終着駅は場末のユニオン駅

19：30、車窓は、とっぷりと暮れて遠くに時々点々と街灯りが見える。先程まで近くを併走していた車の灯りも今は見えない。機関車の鳴らす警笛が無闇にブウォーブウォーと遠くから響くように聞こえる。この辺り、ニューオリンズの北には広大な円形のポンチャートレイン湖というのがあって、鉄道線路はその一角を長大橋梁で渡っているはずである。定刻どおりであれば、夕霞の中にその情景を眺められたかもしれないが、50分も遅れてはそれも台無しである。

20：00、案内の「20時頃」に気を急かせて、上の棚から大きな手荷物を降ろしてもらい荷造りをし、降車の準備をする。もう終着駅が近いはずと暗い車窓に顔を押し当てると、たくさんの線路が見える。どうやら、このニューオリンズは市街地外縁部の大規模な操車場を伴ったユニオン駅をそのまま使っているらしい。列車が停止したのに窓外にはホームの灯りがない。と、列車が戻り始めた。なんと、ホーム入構前に線路入れ替えのスウィッチバックがあるのだ。20：20、我が「三日月」号はしずしずとニューオリンズ・ユニオン駅の頭端式ホームに滑り込んだ。

伝統的なユニオン駅の常で、都心部からはかなり離れている。しかも、港に近い倉庫地区に位置しているので、地下鉄はおろか、タクシーサービスも覚束ないとの事前情報であったから、旅行社を通してリムジンサービスを手配しておいた。「ホームを出た所に、ドライバーが『MR．TAKEUCHI』と書いたサインボードを持って待っております」というのが、旅行社からの連絡である。また、ワシントン・ユニオン駅に送ってくれたガイド氏によれば、そのドライバーは、「青いネクタイを締めた黒人です」ということであった。

二人揃って大きな荷物を牽いてホームを出ると、そこは待合室であった。あちこちで、出迎えの人と列車を下りてきた客が、ハグをして再会を喜んでいる。しかし、そこに名前を書いた板を持った青いネクタイの黒人は見当たらない。早速、次善の策として指示されていた駐在

（実はＮＹ在住だったらしい）日本人ガイド、町下氏に電話をした。ドライバーに連絡を取った町下氏から電話が架かるのと、つれあいが待合室のガラス窓の外の小さな名前板を見付けるのとが、ほぼ同時であった。ドライバーはホームを出た待合室のその外の車寄せで待っていたのである。しかも、青いネクタイではなく、大きな図体にモスグリーンの蝶ネクタイを着けていた。

「三日月の都」、ニューオリンズは混乱の幕切れ

魅せられるジャズの街

ニューオリンズの中心部をフレンチクウォータと呼ぶ。ルイジアナ州自体がフランスの植民地から合衆国に参加したのだから、その首都の繁華街がラテン文化のメッカとなるのは当然のことであろう。それにしても、フレンチクウォータの夜の街は驚きに値する。夜の11時を過ぎても、街中にジャズの音が響き続けているのだ。アメリカのジャズの都といえばメンフィスとこのニューオリンズが挙げられるが、前者がロックに繋がるアメリカ正統派（私的見解によれば）のジャズであるのに対し、ここは昔懐かしいデキシーランド・ジャズが主流である。それが街角のあちこちから、いくつも重なって聞こえてくる。路上で演奏する少年たちのバンドも

あれば、オープンなホールから洩れてくる演奏もある。それでも、騒音とは感じられず、深夜に及んでも街往く客の心を躍らせるから不思議である。

遅い夕食もそこそこに、アイアンレースに飾られたバルコニーから廉物のネックレスを投げてよこす、けばけばしい化粧の客引きを冷やかしながら街を歩くと、日付の変わるのも忘れそうだ。しかし、明日の夜は、もう帰国の機中となる予定だから、今夜はゆっくり寝なくてはならない。宿舎はメインストリートのキャナル通りに面した上級ホテルだから騒音もそこまでは届かないだろう。

（写真4-15）フレンチクォータの街並み

昼のフレンチクォーター

もっとも、ニューオリンズは決して夜の街だけではない。歴史的景観地区としてのフレンチクウォータ（写真4-15）、「欲望という名の電車」（テネシー・ウィリアムズ作）のモデルになった路面電車が走るキャナル通り、「三日月」の名の源を思わせるミシシッピ河のリバーフロント、これらは皆、明るい陽射しの下で楽しみたいものである（写真4-16、17）。それに、食べ物もこの地はフランス文化と中南米ラテン文化の影響を受けたケイジャン料理、クレオール料理を食べさせるカフェの名店が多い。カリブ海とミシシッピ河のシーフードも美味しいらしい。翌日は早朝からこれらの3地区を散歩しつつ、朝食は河岸の「カフェ・デュ・モンド」で有名な「ベニエ」という四角いドーナッツを、昼食はキャナル通りのその名も「パレス・カフェ」でフランス風ランチを食べた。「ナッチェス」号という大型観光船（模倣船が琵琶湖に浮いている）によるミシシッピ河クルーズも魅力的だが、それに乗っていては今日は帰国できなくなってしまう。代わりに、河岸のアウ

（写真4-16）路面電車の走るキャナル通り

（写真4-17）ミシシッピー河@ニューオリンズ

（写真4-18）ニューオリンズのシンボル、カビルドとセントルイス大聖堂

トレットモールで中国人旅行者の爆買いを横目で見つつ、土産物を物色した。（写真4－18）

ホテルに帰って荷造りをし、チェックアウトして、タクシーで空港に向かう。帰国便はニューオリンズを17：46発だから、道路の渋滞等も考慮して余裕を持って、14：00にホテルを後にすることにした。帰国ルートはツアーのＪＡＬに合わせた都合で複雑になり、ダラスとサンフランシスコ、さらには羽田で乗換えてセントレアに向かう。このサンフランシスコ・羽田便はＪＬ００1というコード名を持っていて、今度の羽田の再国際空港化に合わせて復元された由緒ある便名である。

嵐の前

ニューオリンズの空港は愛称を「ルイ・アームストロング」空港と言う。空港には思いのほか早く着いた。チェックイン・カウンターの開くのを待って、早々にチェックイン。大変厳しいセキュリティ・チェックにつれあいが憤慨しつつエアサイドに入ると、そこはたいした土産物店とてなく、1時間以上の待ち時間はベンチで時間を持て余すのであった。しかし、ここまでは順調に帰国のプロセスは進んでいたのである。

暇に任せて空港ビルの制限区域内を散歩していると、ふと眼をとめたＰＣサイズの出発案内板上の搭乗予定ＡＡ１３００便の欄に「遅れ」のサインが灯った。慌てて搭乗ゲート前の待合コーナーに戻ったが、人々に何の動揺もない。ゲート上の案内表示も、ダラス行きは17：46発と示しているだけだ。ところがしばらくして、次のダラス行き（20時頃だったと思う）を表示していた隣のゲートの出発案内が、突然、「2時間の遅れ」を示した。と同時に、各ゲートの係員の前には、問い合わせをする客の行列ができてしまった。私もともかくその行列に並ぶ。行列が遅々と進むうちに、隣のゲートの案内表示は「運行中止」に変わり、こちらのゲートの案内が「2時間遅れ」に変わった。説明を聞き終わった人の噂を聞くに、ダラスの空港にトラブルがあってダラスから来る便が大変遅れ、後の20時の便は機材繰りが間に合わず運行中止となった、ということのようだ。後に分かったことだが、カリブ海を北上中の強烈なハリケーンの影響を受けてダラス地方に大雨があり、午後の数時間ダラス・フォトワース空港が閉鎖されたとのことだった。

ようやく順が回ってきた苦情受付係の航空会社職員に、中部空港まで発券された一連の搭乗券を示すと、「この遅れで、ダラスからサンフランシスコ行きの便には乗れません。すぐにチェックイン・カウンターに戻って、そこの当社職員に相談して下さい」と言う。「ええ〜。またあの厳しいセキュリティチェックを通らなきゃいけないじゃないの」と愚痴るつれあいを急《せ》かして、再びあのトランペットを抱えた大きなアームストロング像の立つホールに戻った。

心強い「つれあい」の存在

航空会社カウンターの係りの女性職員は早口の英語で、「明日、1日遅れでサンフランシスコまで行くか、今、遅れの便でダラスに行き、ダラスで1泊して、明朝サンフランシスコへ行くか、どちらにしますか。ただし、1日遅れの日本行きＪＡＬ便に空席があるかどうかは分かりません」と言う。今回の航空券は日本航空と提携しているアメリカン航空（ＡＡ）との組合わせで構成してある。こういった緊急時はＪＡＬ便をＡＡ便に振り替えることもできるはずだ。しかし、そんなことを英語で交渉する能力は私にはない。だいたい今の彼女の話だけでも、何度も「パードン」と聞き直している。

途方にくれる途上で、現地旅行会社の日本人ガイド、町下氏のことが頭に閃いた。やにわに携帯電話（ガラケーである）を取り出して、昨夜の履歴を使って呼び出すと、幸いにして町下氏はすぐに電話に出てくれた。事情を話し、ＪＡＬの翌日便の空席状況を確認して貰うとともに、ＡＡ便振替の可能性を探って貰うことを依頼して、私のケータイを係りの女性職員に渡した。「ＪＡＬの翌日便に空席があるのならば、明日、できるだけ早くサンフランシスコに着いて、深夜の日本向け出発までサンフランシスコの街を見に行けるのも悪くない」などという銚子に乗った注文まで付けて。私のケータイは、何度、私と係りの彼女との間を行ったり来たりしたことだろう。町下氏が伝えた結論は、次のようなものだった。

「ＪＡＬの翌日便は満席です。その翌日も。したがってサンフランシスコ経由は諦めて下さい。ＡＡ便のダラス・成田便が使えます。同便に空席があるかどうか未だ分りませんが、多分大丈夫でしょう。それよりも、その便のダラス発は11：25ですから、今日中にダラスに行っていないと、間に合いません。遅れた搭乗予定便の出発時刻が近づいているので、今はとにかく再度チェックインして、搭乗口に急いでください。ダラスのホテルは私が取っておきます。どんなホテルがいいですか」

宿泊は空港の中のホテルに泊まってみたい。取れなければ、空港近くの「イン」でよい、と伝えた。つれあいの心配どおり、再びセキュリティチェックを通ることになったが、今度はこちらも慣れたせいか緊張のあまりか、あまり不愉快にも思わず通過することができた。飛行機は20：00に搭乗口のドアを閉めた。ニューオリンズとダラスの間は普通なら2時間弱の距離だが、ダラス空港混雑の影響が残っていてスポット探しに時間がかかり、ダラス・フォートワース空港の降機口を出たのは、22：30であった。この間、2時間半もの間、緊張のあまり私は何をやっていたのか、全く記憶がない。

降機して早速ＡＡのカウンターに行って、その前で町下氏に電話する。ＮＹはもう深夜なのに、彼はすぐに出てくれた。

「空港内のホテルは、このトラブルでやはり満室でした。空港から十数分の所の『イン』をとりました。タクシーで行ってください。なお、天候異常によるトラブルの場合、宿泊費は航空会社からは出ませんので、タクシー代とともに自分で払ってください。また、念のためにサンフランシスコ便のキャンセルと、ニューオリンズで預けた手荷物をここダラスで降ろす手配をしなければなりませんので、またこのケータイを航空会社の係員に渡してください。なお、明日の成田便の最終確認が未だとれておりませんので、これはホテルの方に、お休み前か明朝電話します」

まったく、「何から何まで」という言葉があるが、「地獄に仏」、誠に感謝で心から頭が下がる思いであった。ホテルに向かうタクシーにも全く問題がなかったわけではないが、そしてまたしても町下氏に一瞬電話で登場願ったのだが、それは本体のトラブルと較べれば瑣末事である。

シャワーを浴びていると、町下氏から電話があった。明日の成田便は無事席がとれた、とのこと。そして、3時間半も待たされるが、成田からのセントレア便も席がとれた。これで、明朝、8：30に送迎用マイクロバスでこのホテルを出れば、いつもと変わりなく帰国の途を進めることができる。ハリケーンの余波に振回された大騒動も、10時間の延着と、1泊のホテル代、そして電話料金1万円（月末に分かったのだが、米国国内の長距離通話料は結構高いようだ）の支出で幕を閉じることになった。おっと、この逆境を切り抜けた経験はプラスの効果として記憶されねばならないであろう。そして、絶えず心配そうに、しかし信頼感を込めて、脇から私の交渉を見守り続けてくれた、我が「つれあい」の存在の有り難さも記しておく。「傍《そば》に居てくれるだけでいい」存在とは、本当にあるものだ。さらに付け加えるならば、あれだけ何度も念を押したのに、ニューオリンズで預けた手荷物は、サンフランシスコに行ってしまったようで、1日遅れて成田に着き、帰宅の翌日、我が家に配送されてきた。これも、自分で運んでくるより楽な分だけ、プラスと評価しておこう。

Ⅴ　南蛮文化のルーツとレコンキスタの旧跡を巡る

〜葡西都巡り阿房列車〜

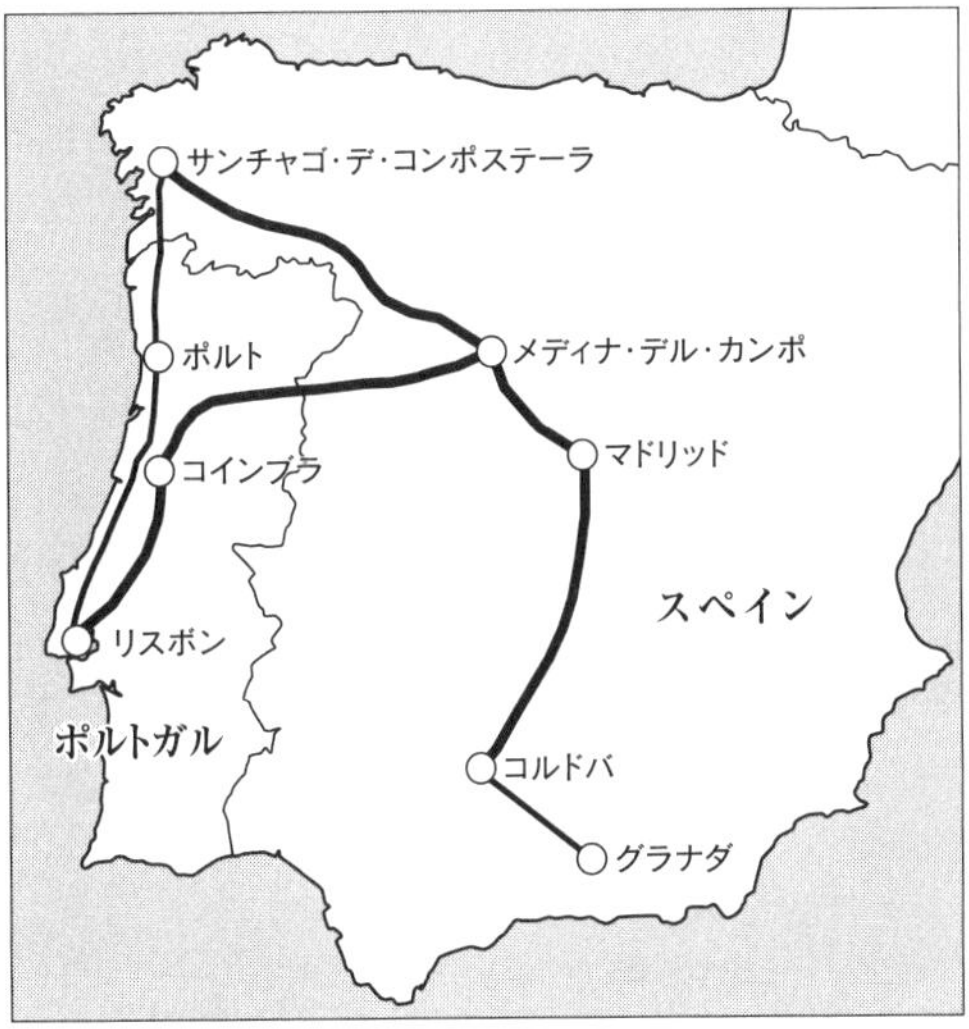

序

古稀をとうに過ぎて単独海外旅行はいろいろ不安である。かといって添乗員にゾロゾロと連れ回されるツアー旅行は業腹だ。やはり「つれあい」と二人で歩く旅が好い。つれあいの承諾も得られたので、伝統的な夜行寝台列車の残る一方、高速列車の整備も進むスペインとポルトガルに行ってみようと思う。

最初は、初夏の頃に企画を立てたが、出発２週間前になって母親が急逝した。91才、突然倒れてその日に亡くなるという大往生だったが、私は喪主でもあるし、旅行は当然中止とした。亡母の一連の仏事も終わった初秋を見込んで、再度、旅行企画を再興、２０１７年9月26日早朝、この夏以来の「便秘」という半病の悪化を抱えつつセントレア（中部国際空港）を飛び立つことになった。全部で丸12日間（13泊）の行程である。

セントレアからヘルシンキ経由でマドリッドまでの往復航空券と、最初のマドリッドからサンチャゴ・デ・コンポステーラまでの列車、それに、最後のリスボンからマドリッドに戻る夜行列車とそれに続くスペイン内移動の列車を自分で手配し、中間のポルトガル縦断バス旅行の部分をＪＴＢ企画のＬＯＯＫ「北スペイン、サンチャゴ・デ・コンポステーラに宿泊、ポルトガル満喫７日」というツアーに乗っかったのである。いわば、「イージーオーダー」ツアーと言うことができる。

しかし、このハイブリッド型のツアーには、相応のリスクが伴う。約束の合流地点まで約束の時刻に到着できないような事態が生じた時は、どう対応したら良いのか。ところが、トラブルは逆の形で起こった。パックツアーの方が、航空機材のトラブルで1日到着が遅れ、私たちとの合流点もサンチャゴからポルトガルのポルトに変更されたのである。パックツアーの催行会社、ＪＴＢの在マドリッド事務所から私のケータイに連絡が入ってからの大騒動は、本文で述べることにして、ＪＴＢには今回のトラブルに懲りて、このような「ランドオンリー」商品を廃止したりしないで欲しいものである。

列車で訪れる巡礼の地、サンチャゴ・デ・コンポステーラ

キリスト教三大巡礼地の一、サンチャゴ・デ・コンポステーラ

サンチャゴ・デ・コンポステーラとは「星の野の聖ヤコブ」というほどの意味である。この地に聖ヤコブの遺骨が発見されたことからこの名が付き、聖地になったというから、これを「サンチャゴ」と略すのは適切ではないかもしれないが、長い名だから仕方がない。きっと「サンチャゴ」と略される地名は世界にたくさんあるだろうが、本文に限っては、この北スペイン（ガリシア）の「星の野」のサンチャゴのことである。また、「聖ヤコブ」とは何者ぞという問いにも、異教徒ながら一応ミッションスクール出の生半可な知識を記せば、キリストの12使徒の1人（筆頭か？）で、漁夫の出であったようだから、それが漁業の地ガリシアと結びついたのかもしれない。

そのサンチャゴは、エルサレム、ローマ（バチカン）と並んでキリスト教（カトリック）の3大巡礼地に挙げられている。フランス・スペイン国境のピレネー山脈の西の端からスペイン

の北辺の地を延々８００㎞、巡礼道が続いており、ユネスコの世界文化遺産に登録されている。「高野山と熊野古道、参詣の道」を世界遺産に申請する時、モデルとした先輩筋に当る。今では、８００㎞を全部歩き通す人は多くないであろう。壇ふみなど、サンチャゴを訪れただけで、あとは車でチョコチョコ見て廻り、随筆をものにしている。実際、巡礼終焉の地、サンチャゴ大聖堂での巡礼達成の認定は、今日では徒歩なら１００㎞、自転車は２００㎞を基準としているのだそうで、それなら、列車で行っても悪くはあるまい。

チャマルティン駅出発

マドリッドの北のターミナル、チャマルティンから北西へ６７７㎞、ほとんど改良成った新幹線仕様の線路をスペイン国鉄（Ｒｅｎｆｅ）の伝統的特急列車で5時間である。時差ボケで睡眠不足の身には、Ａｌｖｉａ号４０９５列車の発車9：15は十分早い。それでも、列車の入線前にユーレイル・パス（セーバー、４日券）の発効手続きをして、ホームの写真を撮る間があった。

発車20分前には列車が入線した。機関車の牽く列車形式で、スペイン鉄道伝統かつ自慢の「タルゴ」型車輌。一つの車輌に1軸の車輪しかなく前後車輌が互いに引っ掛けて繋いである。セミトレーラー・トラックと同じ原理だ。いきおい1両の車輌は短くなるが、曲線部走行に強く、走行振動が少なくて静かである。十数両の編成の内、機関車の後に機械室車があって、その次2、3両目が一等車、4両目にビュッフェ・カーが付いて、後は全て二等車である。その3号車、4A、4Bが我々の席である。タルゴ型特有の短い車内に、一等車は5列しか座席がない。通路を挟んで二人掛けと一人席である。車輌の端にある自転車ラック設置の空間に大きな手荷物を置くことができた。手荷物の扱いには何時も苦労する。オーストラリアでは荷物車に預かってくれたが、ロシアでは座席の下において足を載せていったことがある。スウェーデンではこの手荷物置き場探しの間に、座席においたバッグを置き引きにあった。今日の車内は空いていたし、車掌がすぐ来たので、二人掛けの席から向かい合せの一人席に替えてもらった。これならつれあいも私も窓側席を楽しめる。本来の私たちの指定席には、その車掌が座って仕事場にしていた。我々の通路を挟んで反対側の向かい合せ席は、二組の中年夫婦が席を占めて、発車前から賑やか。見るからにアメリカ人である。

超特急Alvia北西に進路をとる

定刻、列車が走り出し、速度が100km／hを超すころには、車窓にはもう、殺伐とした大地が広がる。かつて、堀田善衛はその著作「ゴヤ」の中で、スペインの「ゴロた台地」と表現していたはずだ（写真5-1）。2世紀も前の時代よりはましだとしても、「スペインには土地が

（写真5-1）スペインの大平原

余っている」の感が強い。日本の1・3倍（50・6万平方km）の国土面積に3分の1の人口が住む。

9：39、グアダラマ山脈のトンネルの中で、時速232kmの表示が出た。このトンネルを出るとセゴビアのはずだが町の気配も束の間、列車は停車せずに走り続ける。突然、スペインは道路交通は右側通行だが、鉄道は左側通行であることに気付く。車窓には緩やかな丘陵に杉のような灌木が植林されている。スペイン杉とでも名付けておこうか。比較的背の高い松様の樹木も見られる。これは「フランス松」と呼ぶらしい。広い畑が丘陵の緩斜面に沿って拡がっていて、広くアームを伸ばした灌水装置が動いていた。作物が何かは分からないが、やや白っぽい緑に見えるから、オリーブかもしれない。

しばらくドエロ川に沿って付かず離れず走る。川を渡って、この列車の二つだけ停まる駅の一つ目、ザモーラに着いた。中規模の古い街で、定石どおり駅の周囲には工場が、その向こうに高層の集合住宅が見える。7分停まって定刻の10：44に発車した。しばらく徐行運転が続く。複線化工事の施工区間で、併せて新幹線化工事も進むものと見たのは土木屋鉄道マニアの直感である。平坦な田園地帯を走り、エズラ川を渡ると再び丘陵地に入る。泥岩の壁の肩を登ると、草原の丘陵に風力発電の風車が並ぶ。17機まで数えたが、尽きるところを知らない。走行速度は１１４㎞／ｈまで落ちた。

時刻は11時を過ぎたころ、列車速度が遅くなると、車内には午前中でも昼寝の雰囲気が漂う。隣の米人らしい夫婦も、先程まで読んでいた部厚い本を膝の上に落ちそうに置いて、今や居眠りの真最中。それにしても欧米人は、とくに婦人はいつもどうして、あんなに部厚い本を旅行に持って歩くのだろう。

異国の車中で聞く、ツアー一行遅れの知らせ

11：27、突然私のケータイが鳴った。日本語で「ＪＴＢマドリッドの何某です。今晩、サンチャゴのホテルに到着予定のツアー一行が、成田・マドリッド便の機材トラブルのため、１日遅れることに成りました。つきましては、御二人には今日は所定のホテルに泊まられ、明日は臨時の現地添乗員を手配致しましたので、そのガイドに従って所定のバスを使い、サンチャゴ観光を済ませたら、ポルトのホテルまでお出で下さい。詳しくは、サンチャゴのホテルにチェックインされた頃、再度ご連絡します。ご予定に、変更はございませんか」とのことであった。愕然とするというか、訳が分からないというか、しかし、ゆっくり考えてみるに、我らの予定

には全く変更はなさそうで、むしろ一寸面白くなってきたぞ、という気持ちであった。

少し気持ちを静めるためにも、隣のビュッフェでサンドイッチとカップ入りガスパッチョを買ってきて、昼食をとることにした。とはいえ、心は落ち着かない。14：20、定刻5分遅れで、サンチャゴの駅に到着するまでの間に、13時半ごろオーレンセの駅に停まって山間のリゾート都市を眺めたのだが、また、その前には、いくつもトンネルを抜けて峠を越える、これこそ間違いなく新幹線化の工事区間を車窓に見たのだが、今では定かな記憶もない始末である（写真5-2）。

（写真5-2）サンチャゴ・デ・コンポステラ駅

なお、列車がサンチャゴに着く直前の線路区間についても触れておかねばならない。それは駅の手前3、4kmの地点であった。2013年7月24日、20：41のことであったという。フェロール行きAlvia（S730系タルゴ車）がサンチャゴ駅進入の速度制限区間で制限速度の2倍以上の速度で暴走し、脱線転覆、乗客240人中死者79人、重軽傷者100人以上という大惨事を惹き起したのである。なぜ、そのような暴走が起こったのか、未だに運転士の過失と言うのみで、その原因すら公表されていない。このＡｌｖｉａが、今の時刻表で見る20：21着予定の４３４５列車であったとすれば、相当遅れているから、運転士は遅れ回復を狙っていて進入速度制限を見落としたのか。私たち日本の鉄道マニアには、その10年程前の福知山線尼崎事故とあまりに似ていたので、強烈な印象が残っている。この話を列車に乗る前にすると、つれあいが不安を催すといけないので、サンチャゴ駅に無事着いたら話をしようと思っていたのだが、これもツアー一行の遅れ事件で忘れてしまった。翌日、現地ガイドが、我々がマドリッドから列車で来たことを知ってすぐこの話をしたので、つれあいは他からこれを知ることになってしまった。とくに、私が黙っていたことを詰《なじ》るでもなかったから、まあどうでもよいことではある。

星の野のサンチャゴ

二人で行く街の下見

サンチャゴのホテルは旧市街から６００ｍ程離れた新市街の中にあった。チェックインは15時頃、円滑に済んだ。「そうか、26人の予定が2人になった、あれだな」というわけである。夕食はホテルで取ろうと思うが、レストランはバイキング形式で何時でもよいという。とすれば、日が暮れるまでには5時間ほど時間がある。サンチャゴは標準時を用いているポルトガルと同じ経度にあるが、スペインだから時刻の進みが1時間早い。しかも、今は夏時間なので20時まで明るいのだ。明日は、バスでサンチャゴ大聖堂を中心に見て廻るのだろうが、まずはホテルと旧市街の位置関係を探るためにも、歩いて旧市街まで下見に行って見ることにした。

旧市街の城壁跡に達する手前に、アラメダ公園という大きな丘の上の公園がある。そこまで爪先上がりにやや寂れた感じの商店街を行く。左手の街区から若者がたくさん出入りする。大学があるのかもしれない。そういえば、スペインの大学は、いわゆる校庭らしきものは全くなく、ただ校舎ビルの群あるのみ、と聞いたことがある。（翌日、ガイドに聞いたところ、サンチャゴは大聖堂と巡礼の次に、大学が有名とのこと。また、さらに後のこと。ある大学院の学生が拙宅に、某課題の指導を受けに来たことがある。その学生は学部時代、スペインに留学していたとのことで、まさにこのサンチャゴ大学のこのキャンパスに居たのだと言う。研究指導の内容のことなど忘れて、サンチャゴの思い出話に花が咲いた。）アラメダ公園は池に黒鳥を眺めつつ通り過ぎた。

（写真5-3）サンチャゴ旧市街

旧市街は基本的に自動車の進入を規制しており、石畳に石造りの店舗が並ぶ、殷賑な通りは、このような道の研究者であった私を興奮させるに十分である（写真5－3）。他のツアー仲間の居ないこの機会に自由に動き回りたい。まずは、大聖堂前の広場に通じると思しき道を進む。簡単に聖堂裏のオブラドイロ広場に出た。右手、修復工事の白布に蔽われている大聖堂は明日のために見ないことにして、左の古い建物は市庁舎、向こうに見えるかつての王立病院は改装されてホテルとレストランに再利用されている（写真5－4）。この内部を改装して活用されている歴史的遺産価値のある建造物をスペインでは「パラドール」、ポルトガルでは「ポサーダ」と呼んでいる。ほとんどは国有・国営というが民間委託のものもある。これは昨今、伝統的建造物や古民家の保存・活用に躍起となりつつある我が国の歴史的街並み保存事業にも、おおいに参考となる話である。

（写真5-4）聖堂前の旧王立病院はパラドールとして

　広場を通り抜け、タクシー乗り場を通って右折、急坂を登って聖マルティン・ピナリオ教会の裏手に出る。そう、サンチャゴはかなりの坂の街でもあるのだ。この教会は大聖堂と並んで有名な歴史的建造物で、ルネサンス（16世紀）、バロック（18世紀）、ネオクラシックの建築様式が混在しているのだそうだ。また、付属の修道院はパラドールとなっている。ここは明日の予定にないから、今日拝観料を払って見ておくことにする。シニア割引があるのが気に入った。黄金の祭壇がすごいが、なにがバロックで、どこまでがルネッサンスなのか分からない。大聖堂の裏のキンターナ広場は、大聖堂での結願のミサを待つ、あるいは終えた巡礼たちの感涙に咽ぶ場所である。実際、バックパッカー姿の男女たちが円陣を組み、歓声を挙げ、中には本当に涙する人さえ見ることができた。夕暮れ近いこの時間帯の見ものなのであろう。

（写真5-5）アラメダ公園のおばあさん姉妹像とともに

帰路、再びアラメダ公園を通る。中ほどの園路に、二人で腕を組むケバイ服装のおばあさんの立像があった。つれあいが並んで立ったので記念写真を撮った（写真5-5）。翌日のガイドの説明によれば、かつてこの辺りに人の好い、少し知恵の薄いお婆さん姉妹が居て毎日徘徊、この公園の名物になっていたのだそうだ。知らぬこととはいえ、なにか心温まるような、旅の恥はかき捨てともいうような。結局、この日つれあいのケータイの万歩計によれば2万歩の大散歩ではあった。

巡礼満願成就の都、サンチャゴ

前日、現地在住の日本人女性から臨時添乗員と名乗って電話があって、「朝8：45までに朝食を済ませ、チェックアウトをしてロビーでお待ちください」ということだった。少し早めに大きな手荷物を牽いてフロントに降りると、添乗員はもう来ていて「星山と言います」と名乗った。上述のようにサンチャゴ・デ・コンポステーラの「Ｓｔｅｌａ」とは、日本語の「星」に当たる。奇遇なるかな、思わぬ事件の結果として、「星の野の町」に住む「星」を名乗る日本人に逢う。何かうれしくなって、親しみを感じた。また、そういう人であった。そこへバスが着いた。50人乗りのハイデッカー大型バスだ。その腹に、先ほどまでは大きく見えたスーツケースを2個、可愛らしくチョコンと載せて、折から到着した現地ガイド氏とともに4人が乗り込む。最前列にガイドと添乗員、今日一日2列目の左右に分かれて、われら夫婦の専用席となる。何か愉快である。運転手君が「今日一日、この車はあなたたちのチャーターだ」といったようだ。「オー、イェス」と握手で返した。

フロントガラスの上の方に、日本語で「私の名は、ジョルジョです」と貼り紙してある。自らは「英語読みで、『ジョージ』と呼んでください」と言った。彼はリスボン郊外に住むポルトガル人だからそうなるが、スペインでは「J」を「はひふへほ」で発音するから、どうなるのだろう。このバスは今日の昼からはポルトガルを走ることになるが、サンチャゴはまだスペインである。このジョルジョ君、片言の日本語を弄する他、英語が何とか通じるようだ。スペインはフランコ独裁時代、母国語国粋主義をとって英語を排除したが、ポルトガルは逆にスペイン帝国主義の圧迫に反発、スペイン語を排除して第一外国語に英語を採用した。スペイン語を勉強し、スペイン人と結婚して今はサンチャゴに住む星山さんは、ポルトガルでスペイン語を使うと、「なぜ、日本人がスペイン語を話すのだ。英語を使え」と怒られるそうである。こんな話も、「1日チャーター」のバス旅行ゆえに聞くことができた。

(写真5-6)「歓喜の丘」から大聖堂を望む

バスはまず、サンチャゴの東5㎞郊外の街道(巡礼道として世界遺産登録)が通る小高い丘に向かった。「歓喜の丘」と呼ばれ、サンチャゴの街を望み、小さく大聖堂の屋根も見える（写真5-6）。往時、８００kmの道を辿った巡礼は、満願の日を迎え、宿を早立ちしてこの丘に登り、サンチャゴ大聖堂を遠く望んで歓喜の涙にむせび、最後の力を振絞って結願のミサに向かったのであろう。実際、丘の上の巡礼者が手をかざすブロンズ像の周囲には、記念写真を撮る巡礼の一団があったし、旧市街へ帰るバスは、いくつかのバックパッカーのグループを追い抜いて走った。

旧市街は大型車は入れないから、バスを旧市街北の丘の上の大駐車場に駐めて、歩いて回る。駐車場は昨日登った急坂路の近傍で、大聖堂前の広場には意外に近く、昨日とは逆方向から入って行く。その一番奥、昨日見落とした建物が、サンチャゴ大学の本部で、16世紀建築のルネサンス様式、回廊に囲われた中庭が美しかった。ガイドはなかなか大聖堂の中に入れてはくれない。まず、昨日歩いた下町を案内して回る。大聖堂と前のキンターナ広場は東西にかなりの広がりを示しており、これを扇の縁として、要《かなめ》にあたる南のトゥラル広場から、放射状に４本の中小路が走っている。このうちの２本を選んで巡回往復する。さすがに世界遺産に登録されたこの街には、どこにでも見るべく、聞くべく、感ずべき何かが在るのである。

生活のあるサンチャゴ

今日は人数が少なくて順調で時間があるからとガイド氏は坂の上の町にある市場に案内した。

北海に面した海岸地方ガリシアの主都だけあって、海産物が豊富である。イカや貝の類が多い。魚はイワシが多いが、それはポルトガルの方が多いとガイドが言った。大きなメルルーサという魚もある。つれあいが「それは最近日本でも見かける」と言った。「亀の手」という変な甲殻類がある。イソギンチャクとサザエを足して2で割ったような、たしかに亀の手指に姿も大きさも似ているやつが、大きな箱に山盛りになっている。これが、サンチャゴ辺りの名産品だそうな。

やっと入場できたサンチャゴ大聖堂は超満員の状況、身廊とそれと十字に交差する側廊に礼拝席がビッシリ配置されてあるのだが、それが今や満席状態、立っている人も居る。まもなく正午、巡礼を終えて結願のミサに集まった信徒たちだということである。ガイドはこの情景を見せたくて、この時刻を待っていたのだろう。そのくせ、まもなくミサが始まると、このロマネスク、チュリゲラ（中央祭壇…17世紀後半）、バロック様式の渾然としたカテドラルの中を見て廻ることはできないと言う。中央祭壇の下に安置された聖ヤコブの棺も近寄るには長蛇の列で、遠くから眺めるのみであった。外へ出て、ガイドの説明を聴く。9世紀に聖ヤコブの墓がこの地に発見され、小さな聖堂が建てられたが、まもなくイスラム教徒に占拠され破壊された。レコンキスタが成った後、11~13世紀にロマネスク様式でスペイン一の大聖堂が建築され、その後現在まで増改築が繰り返されている。南面の壁に12世紀のロマネスク様式が残っており

（写真5-7）サンチャゴ大聖堂

（写真5－7）、時計塔はバロック様式、等々である。

昼食を前に、ガイドは「昼食のレストランは先にお示しした店に予約してありますが、まだ少し早い。しかし、私の仕事はここまで」と言って去った。星山さんの生活者としての感覚をも加味して、気になった古い建物のカフェに案内してもらう（写真5－8）。コーヒーの味はイマイチである。修道院の通用口で、彼女もご愛用の修道院の内使いクッキーも買った。これは美味しい。クッキーというが、日本では「ボウロ」という乾いた堅めのカステラのようなものだ。はっと気付いて「ボウロ」もかつてポルトガルから輸入され、名ごとわが国に定着したのではないかと思う（後日の調査によれば、ポルトガルで「ボウロ」とは、乾いたケーキ一般の呼称である）。

昼食は「タコのガリシア風とパエリア」であった。「少し予定より早いけれど、良いですか」と言って店に入ると、店員が「26人なら無理かもしれないが、3人になったのだから大丈

（写真5-8）歴史的建築のカフェ

夫ですよ」と、笑顔で迎えてくれた。茹でた蛸ブツにオリーブオイルとパプリカをかけただけのガリシア風は柔らかくて美味しかった。欧州では一般に蛸は食べないというが、それを食べるのがガリシア風なのであろう。「パエリア」は随分、水っ気が多くリゾットのようだった。「スペインの南にいけば行くほど、パエリアの水分が減って、パラパラになっていきます」と、星山さんが教えてくれた。便秘性の体調不良で食欲のない私には、ちょうどよかったのかもしれない。それにしても、美味しいパエリア、３人では食べきれず、たくさん残したのが残念だった。

遠くて、昔は近かった南蛮の地、ポルトガルを縦断

ユーラシア大陸最西端を走る…初めて見る大西洋

サンチャゴの駐車場を３人乗りの大型バスが出たのは14時だった。市街地を迂回して、高速

道路を南に走る。道路番号はＥ1、これはＥＵの1号線ということのようだ。1時間ほど走ってビゴの手前で、右手前面に海原が広がった。すわ「大西洋だ！」と大声を出すと、運転手の「これは、ビゴ湾の奥だから大西洋とは言わない」という返事を星山さんが通訳した。なにせ、私はアメリカ側からを含めて、未だ大西洋を見たことがなかった。だから、いつ、それが叶うかがこの旅の重要主題なのである。もっとも、海は至って平穏で、右手は商業港だが左手はヨットハーバーである。すこし行くと、沖合いにムール貝の養殖筏が見えた。湾内であることは確かだ。この辺り80㎞程、リアス式の奥まった湾が並んでいる。

15：25、サンチャゴから１００㎞程来たトゥイという街の手前で、道路が市街と国境の二又に分かれ、高速道路解除の道路標識が立っている。道路構造自体はそれまでの高速道路と何ら変らない。国境標識はＥＵの星を円く並べたマークの下に「ポルトガル」と書いた板が1本立っているのみ。バスはたいして速度も落とさず通過した。そういえばこのジョルジョ運転手、安全運転で常時80～１００㎞／ｈを維持しており１００㎞を越えることはない。道路標識にポルトまで１１７㎞とあることで、ポルトガルに入ったことが分る。この辺り、ポルトガル特産の魚や、木綿生地のマーケットが多く、サンチャゴの庶民が買出しに来る地域だそうだ。こんなに何の愛想もない国境は初めてだ。

ともあれポルトガル、この国の国土面積は日本の4分の１（9万平方㎞強）に、人口は１／

10の1037万人が住む。国土面積の多くを森林が占めているところは日本に似ているが、人口密度は我が国よりかなり低い。しかし、適度に散開して分布する都市は小ぶりでコンパクトに人々が集住している感じである。そして、今は漁業（鰯など）、農業（木綿、オリーブなど）、林業（コルク樫、ユーカリなど）を主産業とする、いわば田舎の国だが、都市部や各地の城砦跡には、かつての大航海時代、カスティーリア王国の栄光が十分に偲ばれるしっかりした社会基盤が残されている。美しく可愛らしい小都市の観光を楽しみつつ、「歴史上、帝国を張ったことのある国は、やはり違うな」と思うのであった。

ポルト、星山さんとの別れ

途中、パーキングエリアでのトイレ休憩を挟んで、16時過ぎ、ポルトの街に入った。この辺りの人は、この都市を「お・ポルト」と呼ぶのが面白い。星山さんもそう言う。「お」は美称冠詞であるようで、日本で「お江戸」というのに似ているかもしれない。「御茶ノ水」のように正式名に取り込まれているのではない。それにしても、「お」である。こんな辺りが16世紀の日本から逆輸入されたのであったら楽しいのだが。

間もなく新市街地の中ほど、ボアヴィスタ通りにあるホテルに着いた。スペインとは1時間の時差があるから、3時間余のバスの旅、ここでも玄関の車寄せに大型バスを押し込んで、わずか3人の客が降りてきたのを、ホテルのベルボーイは呆れ顔で出迎えている。星山さんは、我々のチェックイン手続きを行い、26人から二人に減った夕食を19時半以降いつでも席を用意できるように手配をして、「一度部屋に入って頂き、水周り等何も問題がなければ、できれば私は18時半の定期バスでサンチャゴに戻りたい」との申し出である。もちろん当方に異論はないが、「我々もすぐ飛び出して、実は、この街の新型路面電車LRTに乗り、ドン・ルイスI世橋まで行ってみたい」と言ってみた。星山さんはホテルのフロントに確認をして、「その地下鉄（地元ではメトロと呼んでいる。旧来の路面電車もあるから、こう呼ぶらしい）の駅は、ちょうど長距離バスのターミナルに近いらしいから、一緒に行きましょう。まずは部屋を確認して、夕方までの外出の用意をしてきてください」と言ってくれる。一日行動をともにしていると、なにか別れづらい気分もあるし、その言葉に甘えることにした。

実際、部屋のバスのカラン操作が分りにくいので、その旨告げると、フロントマンは「夜、部屋に戻った時、言ってくれ。ボーイを説明に行かせる」との返事。星山さんはこの会話を背後で暖かく見守っていてくれる。これだけで、このホテルの居心地が随分善くなったような気がする。私が部屋にカメラを忘れるトラブルもあって、街角でつれあいと星山さんに待ってもらった。その間、二人は、主婦向けの話が弾んだようで、つれあいはスペインの生活向きに随分強くなったようだ。

二人で歩く、お・ポルト

サンチャゴに戻るバスターミナルの前で星山さんと別れ、地下鉄駅に降りた。自動券売機を使った乗車券購入が一苦労だった。地下鉄（地下と路面を自由に出たり入ったりする連接低床の新型車輛なので、私たちマニアは、これをLRT〈軽快電車〉と呼ぶ）は、2路線あって、いくつかの枝線を持った本線とそれに都心で直交するD線がある。乗車したのは本線の「カーサ・ダ・ムジカ」駅で、都心で乗り換えてD線で、ドウロ川を越え対岸の展望台に向かう。ドウロ川の手前で、線路は地上に出て有名な上路トラス式鋼アーチ橋、ドン・ルイスI世橋の上を走る。渡り終えた処に停留所（路面電車になっているので「駅」と言わない）があって、小高い丘の展望台に通じている。展望台は橋を渡る電車の絶好の撮影ポイントなだけではなく、眼前にドウロ川右岸の歴史的景観地区（世界文化遺産登録）を見渡すことができる。眼下には同川両岸の商・漁港地区（向こう側、右岸）、そしてポートワイン地区（眼下、左岸）をみおろす。ドン・ルイスI世橋は下にも桁橋が架かっているのだった。

帰りは、橋を渡った次の駅、サン・ベントまで電車に乗って、モールとなった繁華街、フローレス通りの坂を大下り、上述の港地区に出た。ここには旧形式の路面電車が走っているが、観光電車になっていて時間2本の運行では日暮近くに乗ってみる余裕はない。マーケット前の広場には、ポルト名物のマントを肩にかけた学生服姿の男女大学生たちが屯《たむろ》していた（写真5

（写真5-9）公園に集うマント姿の学生

－9）。ようやく夕闇も迫る19時過ぎ、再び坂道を登り、サン・ベントから地下鉄に乗って帰途に就いた。その折は知らなかったが、このサン・ベントこそポルトガル各地に向かう幹線鉄道のポルト（サン・ベント）駅であった。

バスで巡る可愛らしい南蛮の町々

古来わが国では、「南蛮人」といえばポルトガル人を指す。今、初めてポルトガルの地を踏んでみて、これがなぜ「南蛮」なのか、と考える。語感は南の国、人種をイメージするが、ポルトガルは日本から見て南の国ではない（北緯37～42度に位置するから日本の東北地方と同じ）。南の国を経由して到来したから「南」と認識されたのであろう。ましてや「蛮人」ではない。16世紀中葉、わが国にキリスト教と鉄砲、そして数々の美味しい食べ物（とくにお菓子）をもたらした、当時の最先進国である。中華思想から語句（東夷・西戎・南蛮・北狄）を借用したとはいえ、失礼をしたものだ。しかし、今はあらためて、美しく和やかなこの文化的な国と人々を私たちは「南蛮」と呼んできたのかと嘆息するのである。そして、限りない懐かしさを感じる。観光客に対するとはいえ、この国の人々もこころなしか我々日本人に親しみを感じているようだ。日本人と分かる（昨今、若い中国人観光客が多いのだ）と「ありがとう」と日本語で挨拶する。

深更の2時頃、サンチャゴ空港からバスでホテルに着いたツアーの一行は18人に減っていた。1日待たされた成田で、旅行をキャンセルした人が6人いたことになる。それでも、この日（9／29）朝、8：30、ホテルロビーで添乗員の酒井戸さんに初対面の挨拶を交わすと、一行の18人はもう全員揃っていた。酒井戸さんと我々を含め、21人の一行が揃って大型バスに乗り込む。運転手のジョルジョ君は元気一杯、我々だけに親しげに「全員揃ってよかったね」と挨拶を交わす。自然に、昨日までの2列目の席に座ることになった。

バスはポルトの旧市街、歴史地区に向けて走り出し、添乗員は現地ガイドの通訳と、自身のポルトガル解説に忙しい。まずは、カテドラル前の路上に車を止め、高台の広場から世界遺産に登録されている歴史地区の全景を眺め、歩いてサン・ベント駅に向かう。20世紀の始め、修道院の跡に建てられた駅舎で、ホールの壁を飾る白地に青の陶板、アズレージョ（1930年制作）が美しい（写真5-10）。私は一歩進んでホームに出て、発車待ちの列車や駅の雰囲気を写真に撮る。路面電車の走る街路を歩いて市庁舎前の広い道路公園リベルターデ広場に至る。今度はバスに乗って、古い立派な建築で「ハリーポッター」のモデルになったという本屋「リベラリア・レロ」を見物、バスは広くはない坂道を下ってサン・フランシスコ教会に着いた。こ

（写真5-10）サンベント駅構内のアズレージョ壁

（写真5-11）ドウロ河岸からドン・ルイスI世橋を見上げる

の教会の前は、昨夕の観光路面電車の停留所、皆、古い電車に注目する。

つづくドウロ川右岸河岸の青空市を冷やかした後、バスはあの高々と架かるドン・ルイスI世橋の下の桁橋を渡って対岸のポートワイン工場に向かう（写真5-11）。ポートワインは甘くかつアルコール濃度が高い。すきっ腹には、かなり響きそうだ。対岸の河岸地区の中にある昼食のレストランまで歩いていくことになった。昨日上の橋を渡った私には、下の橋を歩いて渡るのは一興である。昼食は、鴨ご飯と予告されていたが、鶏肉嫌いをあらかじめ通告してあった数名には、魚のグリルがあてがわれた。

14：00、早くもポルトを離れて、高速道路を南に向かう。ポルトガル国土幹線の道路に沿って首都リスボンまで、あちこちの歴史都市を訪ねながら3日かけて走る。この大型バスにはやはり高速道路が似合う。コインブラの手前では、沿道に凄惨な山火事の跡が拡がった。今夏、6月中旬の山火事は酷かったようだ。母の葬式がなければ、先の計画で、ちょうどその日に、ここを通過していたはずだと思い出した。

（写真5-12）コインブラ大学の中庭

古都、そして大学の街、コインブラ

コインブラは人口10万程度の大学の町である。かつて、確立されたポルトガル王国の首都はここにあったが、首都がリスボンに移ってから、大学が設置された（1537年）。ヨーロッパでも、パリ、ボローニャ、サラマンカに並ぶ古い大学である。今は世界遺産に登録されたコインブラ大学が、観光の中心になっている（写真5-12）。

バスは、細い急坂道を登って、大学の中央広場に着いた。そこからは歩いて大学の中を巡る。時計塔とラテン回廊に囲われた中庭、金泥細工のある図書館、アズレージョで飾られた礼拝堂、おまけに垣間見た講堂では、学位審査試験

（写真5-13）コインブラの坂道

（写真5-14）コインブラの繁華街、バイニーシャ

の最中であった。
　歩きにくい石畳の急坂道を歩いて下ると（写真5－13）、歩行者専用空間（モール）となっている下町バイシーニャの繁華街に出る（写真5－14）。名物の黒いマントを着けた学生が行き交い、街角に生演奏の「ファド」が流れる。恨みの歌とも言えるポルトガルの民謡ファドも、ここでは学生が歌うゆえに少し明るさが感じられる。カフェにまで流れ来るファドの旋律を聴きながら、コインブラ名物のお菓子エッグタルトでコーヒーを飲んだ。街角で買ったお土産は金平糖のルーツである「コンフェイト」。現代日本のそれほど整った（尖った）星型ではない。
　コインブラ郊外のホテルで明けたバスツアーの二日目の朝、世界文化遺産に登録されたアルコバサ修道院があるだけの、人口6万弱の小さな町アルコバサに着いた。修道院の中をじっくり見て周り、予定出発時刻までの自由時間で町の中を散策したが、とても可愛らしい町である。狭いなりに石造の舗装がしっかり美しく整備してあり、修道院前の広大な広場も含めて中央に雨水を集め流下させるための整備が行き届いている。

白砂の浜、断崖の大西洋、ナザレの町

昼食は、アルコバサから半時間、ナザレまで走って海浜のレストランでとった。ここナザレは人口1・5万程の海岸の町で、砂浜が大きく広がり、十分に大西洋の荒波を堪能できる。食事も鰯料理のサルディーナ・アサードとデザートにポルトガル風カステラ（パオ・デ・ロー）が付く。かなり嵩《かさ》のある前菜の後なのに、鰯は大きな塩焼きが3尾ずつ皿に盛ってある。美味しい。今日ポルトガルの主産品は、鰯とオリーブと綿製品といわれるほど、鰯は豊富で、世界の漁獲量の半分ぐらいを占めているらしい。一方、「パオ・デ・ロー」の方は、日本で食べるカステラの上等品と同等の味だが、中心部が生焼けの半熟玉子の状態なのが面白い。

（写真5-15）シーティオ（ナザレ）の断崖から望む大西洋

昼食の後は、急峻な海岸段丘の上の町、シーティオに上り、絶壁の上から大西洋の海原を満喫する（写真5‐15）。ここにもキリスト教の奇蹟譚に纏《まつ》わる礼拝堂と教会があって、白い漆喰と石の壁が青空に映える。門前市が形成されていて、今は少なくなった民族衣装、7枚重ねの短い黒スカートにエプロン姿のお婆さんたちが店を守っていた。量り売りの干しイチジクを一袋買った。便秘に悩む毎日が無意識に採らせた衝動買いである。夕刻、比較的早く、海岸の街中のホテルに入った。「ナザレの夕陽」と言われるほど佳いという「入り日」は、ホテルの屋上から皆で見ることとしたが、残念なことに日没は雲に隠されてしまった。

（写真5-16）オビドスの白壁と石畳

可愛いらしい城塞都市、オビドス

10月に入ったが相変わらず暑い。この旅行の服装計画は完全に狂った。防寒用衣類はスーツケースの奥に眠ったまま、逆に昨夜はランニングの洗濯を強いられた。9：00にナザレを出立して南に向かう。快晴の青空、白雲を背景にした海岸方向に不気味な黒雲が立ち上る。野焼きか工場の公害か。珍しく遠くに工場地帯が見える。崩壊寸前のローマ水道橋を見つつ、50分で城塞都市オビドスに着いた。

人口800人の小さな町だが、城壁が完全に残っており、赤壁に囲われて白壁の目立つ美しい建物がギッシリと建ち並んでいる。内陸の丘に依った城塞で、随分小さい街である。それでいて、教会やホテル、種々のお店とレストラン、広場を囲う役場建築と聖堂、都市にあるべき施設は全て揃っている。まさに「可愛らしい都市」と表現するにふさわしい（写真5−16）。一番高い東の城壁に登り、その下の白壁のカフェでコーヒーを飲んだ。北の城壁を縦走しているお仲間に大声で声援を送るが反応がない。まあいい、この際この楽しい空間に、日本語の大声が響くことが重要なのである（写真5−17）。

（写真5-17）オビドスの城壁

（写真5-18）宮殿の厨房を活かしたレストラン

バスがオビドスから高速道路に戻れば、首都リスボンはもう近い。昼食は、リスボン郊外クエルスのボサーダ・ドナ・マリアI世という宮殿内のレストランであった（写真5–18）。

美しい欧西の大都市、リスボン

リスボン郊外の港湾地区、ベレンで

リスボンは、まずジェロニモス修道院に行く。これも次のベレンの塔とともに世界文化遺産に登録されている。さすが首都の有名な観光地だけあって、それに日曜日と重なり、猛烈な混雑である。リスボンの港である大河川テージョ川の川岸が近い。ここに、まさに大航海時代の記念碑、ベレンの塔がある。１５１５～２０年の建設で、河口を守る要塞として、日本発見（１５４１）にも寄与した建造物であろうが、印象といえば現地ガイドの「スリに気をつけて。あっ！　今、怪しいのがそこに‼」という叫び声だけである。

（写真5-19）坂上の街に登るケーブルカー（リスボン）

　ベレン地区からリスボン新市街に到る途中、バイロ・アルト地区にあるサン・ロケ教会に寄る。１５８４年、苦難の航

海の末にリスボンに辿り着いた天正遣欧使節の一行が1ヶ月ほど滞在したイエズス会の教会である。レスタウラドーレス広場から、有名な市内ケーブルカーで往復する（写真5-19）。下りでは、急勾配の線路の通る道路に、中国人の若い娘が運転する車が突っ込み、事故を起し、危うく電車とぶつかりそうになるハプニングまで見ることになった。

ユーラシア最西端の地、ロカ岬とシントラ宮殿

ポルトガルがユーラシア大陸最西端の国であってみれば、その最西端の地は当然に象徴的観光地になる。それはロカ岬、大西洋に崖が突き出し、波濤にもまれる。リスボンのホテルを8：45に発ち、バスで西へちょうど1時間の距離である。紺碧の海を眺めて約40分、個人名の記入された「ユーラシア大陸最西端、ロカ岬到達証明書」が発行されるまでの時間を過ごす。どの観光ガイドブックでも見ることのできるモニュメントの辺りでは、超長髪の黒髪に長いスカーフを垂らし、象徴的な「流浪の民」の衣装に身を纏ったスリ集団（若い男女の3人組）に警戒が大切である。

リスボンへの帰途は、「シントラの文化的景観」として、これまた世界遺産に登録されたシントラの王宮に寄るのが定番の観光コースである。ポルトガルでは珍しいイスラム時代の遺構が残る宮殿で、ムデハル、ゴシック、マヌエル、ルネッサンス等、多彩な建築様式が見られる

というが、雑踏に押し流されつつの見学ではそれらを秩序立てて見分けるゆとりはさらにない。むしろ、バスを待つ間に散策した周囲の石畳の坂道からなる街並みが楽しい。名物の「ケイジャーダ」と呼ばれるチーズタルトは、写真を撮るだけで通り過ぎた。私は、チーズが苦手である。

バスは一路リスボンの中心市街に戻り、ツアー最後の会食（遅い昼食）に臨んだ。メインは肉と魚が選べるようになっていたが、カジキのグリルは余ったから肉料理を選んだ人にもふるまわれた。ツアー最後の夜は、原則自由行動となっているが、ほとんどのメンバーはご一緒にファドのディナーショーに参加するようだ。

早朝に一行を見送る

ツアー、6日目の朝、朝食前に我々は、空港に向けて旅立つ一行を見送った。彼らはなんとロンドン経由の英国航空便で帰る。出だしからトラブルに巻き込まれ、1日旅程を減らし、帰途はまた、かなりの大回りを強いられて、気の毒な人たちである。しかし、皆さん私たちのこの後の旅程を心配かつ羨ましがって下さった。皆、善い人たちである。

ゆっくりと二人だけの朝食をとり、改めて朝風呂を使ってから荷造りをする。チェックアウトをすれば、あとは今夕、自ら重い手荷物を牽いて夜行列車の出るサンタ・アポローニャ駅に向かうまで、このホテルのロビーが我々の基地となる。リスボンの中央駅である同駅の様子と駅までの経路は、昨日、自由時間に下見に行った。駅は、10階建てのビルに匹敵するほど巨大な豪華客船（「ロイヤル・カリビアン」という名であった）が接岸しているリスボン港の埠頭にあった。頭端式のターミナル駅で隣地の地下に地下鉄の駅がある。立派な駅舎に様々な施設が整備されており、駅前には港酒場風のレストランもあるのだが、夜ともなれば閑散として、おそらく寂しく不安な雰囲気であろう。列車の発車時刻、21：25は、日の入りの遅いポルトガルでも、さすがに夜の帳が襲っているであろう。夕食はホテルの近くで済ませ、タクシーで駅に向かうことにした。それまで、手荷物は小さいものもホテルのフロントに預けた。

二人で巡るリスボン

11：30、地下鉄でリスボンの街歩きに出掛ける。地下鉄、路面電車、ケーブルカーなど全ての市内交通機関に共通の1日乗車券（厳密には24時間券）が、昨夕から買ってある。リスボンも地下鉄は左側通行、軌間（ゲージ）はかなり広く見える。ひょっとすると1435㎜より広いかもしれない。まずは下町旧市街の中心、「バイシャ、シアード」の駅で降りる。バイシャ地区は昨日の昼食の折に歩いた区域もあるが、改めてその短冊形格子状街路網を歩き、南に港湾地区の見えるところまで行ってみる。狭い街路を路面電車が走っていて、感興をそそる。逆

（写真5-20）サンジェスタ（リスボン）の街路エレベーター

に北に歩けば、町の中心、ロシオ広場。実に整ったこの街の造りは、１７５５年の大地震の後、再建都市計画によって成ったものである。

面白い都市施設というか、交通施設というか、街路を塞ぐ直立した構造物のエレベータ（サンジェスタのエレベータと呼ばれている）（写真５-20）で丘の上の町、バイロ・アルト地区に上る。一昨日、ケーブルカーで上った街だ。リスボンには「七つの丘」があると言われ、その真ん中の谷底に、文字通り下町の旧中心市街地がある。バイロ・アルト地区は南西に位置する旧市街地に属する山の手の町である。この北西斜面をやや下った路地地区に、昨夜のファド・ショーを見せた店のある歓楽街もある。昼間は明るい喧騒に満ちた街、教会前広場の屋外カフェや、劇場の建物を眺めつつ、路面電車の走る街路を歩く。この地区の中心と思しきカモンイス広場に出て、綺麗なパン屋のカフェで昼食を摂った。名物のエンパナダスと呼ばれるタルトと揚げパンの折衷のようなものも食べた。あまり美味くはなかった。

この広場から南と東に向かう街路は驚くほどの急坂を下る（写真５-21）。路面電車の系統が

（写真5-21）リスボン名物、坂の街路

小さくも美しい欧西の都市

集中するところでもある。28番の電車は南に急坂を下って、先ほどのバイシャ地区を横断、今度は東の急坂を上ってアルファマ地区に至る。そのあたりで適当に電車を降りれば、高台から港湾地区の展望が効くはずと、古い単車（2軸の車輪しかない）の電車に乗った。窓からカメラを突き出すと、沿道の建物に触れるほど道幅が狭い。しかも急カーブの連続で、今見えた聖堂が、すぐに反対側の窓に移る。サンタルチア展望台の手前で、電車が止まってしまった。前にも何台か電車が連なっている。女性の運転手がポルトガル語と英語で「前方の線路上にバスがエンコして停まっている。しばらく動けない。降りて歩いてくれ」と言っているようだ。炎天下であったが、歩けばもう2分で、目的を果たせる展望台であった。眼下に今夕出発の駅を見下ろす高台で日陰を探して水を飲んだ。ポルトガルの街の散策にはペットボトルが欠かせない。

帰りは結局、下り坂を歩くことになった。午後の炎天下、今朝の出発点、バイシャ地区のロシオ広場まで2㎞を超える徒歩行は想外の疲れを伴った。まだ、15：30と時間に余裕はあるものの、ホテルに帰ることにした。24時間券の余裕もまだあるから、乗ったことのない路線を大回りして帰ろう（実は、方向を間違った）。ホテルに帰ったところでベッドがあるわけではないが、ロビーのソファを二人で占拠して休憩すること2時間。ウツラウツラと、あしかけ3日（正味1日）歩き回ったリスボンの街の佇まいを回想する。

リスボンは人口48万、都市圏で240万人の大都市である。田舎の国、ポルトガルに相応しいというべきか、小ぶりな首都であるが、その中心市街地は大変立派に整っている。先に述べた下町市街地バイシャ地区の北にはレスタウラドーレス広場を基点に1・5㎞程の緑豊かな公園道路、リベルダーデ通りが伸び、大地震の復興再建事業を成し遂げたボンバル侯爵の銅像を挟んで、エドアルドⅦ世公園や熱帯植物園、スペイン資本の百貨店エル・コルテ・イングレス、そしてグルベンキアン美術館などが集まる市北部高台の新市街地に繋がっている。この百貨店のデパ地下レストランで、ポルトガル最後の食事をとった。

小さくはあるが歴史に培われ、都市基盤は十分に美しく整った、リスボンは「小さくも美しい欧州西端の大都市」なのである。

マドリッド行夜行寝台特急「ルシタニア」号は夢のうち

タルゴ型寝台専用特急「ルシタニア」

タクシーで着いたサンタ・アポローニャ駅は案の定閑散としていた。発車時刻まで1時間以上もある。待合室の一角に手荷物をまとめ、つれあいに留守番を頼んで、私は車内で使う飲み水を買いがてら、駅のあちこちを見て回る。どこの駅の夜も共通の現象として、挙動不審の男女がチラホラ見える。つれあいの周辺監視にも目が離せない。もっとも考えてみると、ガイドや添乗員の窃盗警戒情報の割には、ポルトガル滞在中、なんの事故も被害もなくて済んだ。後日談であるが、イタリアからスペインへ旅をしてきた人の話では、スペインに入国した途端にその治安の善さにほっとしたとのこと。一方、ガイドの話ではポルトガルの治安はスペインほど悪くはない、とのこと。とすれば、職業的掏摸集団（これは注意をしていれば、外見からわかる）を別にすれば、ポルトガルはヨーロッパでも

（写真5-22）入線した「ルシタニア号」

治安の善い国と言えるのではないか。

夜行寝台列車「ルシタニア」号は、発車40分前、静々とホームに入ってきた（写真5－22）。この列車名の由来は、スペインとポルトガルのあるイベリア半島の古称（ラテン語らしい）にあるようで、両国で運営する航空会社の名称を「イベリア航空」とするのと同根である。先にも述べた「タルゴ」型車両で、短い車両がたくさん繋がっている。我々の乗るべき車輌は15両編成の後ろから3両目にあることを確認して、つれあいを迎えに行った。短い車両ではあるが、シャワー・トイレ付の二人個室寝台車は1両しかない。短い車輌に僅か6室の配置。これでは予約獲得に苦労をするはずである。最後尾には4人個室の車輌もある。前方隣がブッフェカーで、その向こうに二等寝台がたくさん連なっており、先頭部は数両のコーチ（クロスシート）である。

大きな手荷物を苦労をして運び込み、客室係の男に、天井の荷物置き場に揚げてくれと言ったら、「俺は腰が痛いから無理だ」と断られた。軽い方は、当方も腰に気を付けつつ自分で揚げた。重い方はベッドの前に立てて、テーブル代わりとしよう。アメリカでは、黒人の大男の客室係が事もなく揚げてくれたのだが。「水が1本では足らないかなあ」と大声で話していると、突然「水は室内にありますよ」と日本語で声がかかった。なんと隣室は日本人中年女性だ。自分で言うのも何だが、今時、こんな夜行寝台列車に乗る輩は相当変わっている。しかも、隣に日本人、さらにしかも中年女性ときた。彼女は「ここのタオルにくるんで置いてあるのが水です」とこちらの室にまで顔を出し、「あら、御夫婦で」と言って早々に引揚げた。中年女性二人で退屈し、秋の夜長の話し相手を物色していたものと見える。

続いて、この車両の「売り」の一つ、シャワー・トイレを早速確認する。シャワーはトイレの奥にカーテンで仕切ってあった。アメリカのは、便器の前の空間を兼用するタイプであった。こっちの方が格段に落ち着いて良い。しかし、ドアノブが緩く、列車の振動で開いてきてしまう。いかにも年代物の施設であることが分かる。つれあいが手荷物固定用の着脱式結束バンドを取り出して、ドアノブを縛った。この列車は伝統の豪華寝台列車であるが、リスボン・マドリッド間をかなり北に迂回して７００㎞強を10時間かけて走る。直線距離ならば５００㎞弱、高速化（新幹線化）の進むイベリア半島では、いつまで存続が許されるものか。

いつになく静かな発車風景

21：25定刻、列車は静かに音もなく動き出した。今日は十分早くから列車に乗っていたから、発車に際して慌てることもない。ホームからの写真も十分撮ったし、「米国『三日月』阿房列車」の折、乗り遅れそうになった体験が身に沁みているから、冒険は避けるが第一である。

この列車、23：32到着予定のコインブラを過ぎるまで、夜闇に覆われたポルトガルの国内幹線を黙々と北上する。つれあいは「今日は、リスボンの街中をよく歩き、疲れた」と、早くも上段ベッドに上がって、就寝の準備を始めた。いつもは夜汽車用のウィスキーを調達する私も、今回は体調不安があって用意がない。しかし、隣はブッフェカーである。隣の小母さん連が待っているかもしれない。行って見ると、カウンターの高い椅子には、1人の男と1人の若い日本人女性が座っているのみ。その端ではボーイが座って晩飯を食おうとしている。間の空席に座を占めて、ウィスキーの水割りはないのかと言うと、ボーイは「ノ」と言って、立とうとしない。ポルトガルのワインは強いし、ビールは美味くない。しかし致し方ないからビールを注文して手酌で飲む。妙にうら寂しい。今度の旅で始めて味わう「一人旅」の感じである。車窓に流れる夜景は、ほとんど見るべきもの、否、見えるものがない。話しかけるきっかけを掴《つか》もうと様子を窺《うかが》っていると、若い女の子はビールをグイっと空けて、席を立った。どうも外見は日本人だが、言葉も挙措振る舞いも日本人離れしている。入れ替わりにアメリカ人と思しき若い女性が二人、カウンターに立ったままコーヒーを飲むようだ。22：30、列車が次の停車駅エントロンカメントを出たところで、私も席を立った。ボーイは客室掛も呼んで、晩餐の真っ最中である。

　ポルトガルのビールは美味くない割りに酔いが廻る。列車は静かに走っているのだが、足下をふらつかせながら、歯を磨いてシャワーを浴びる。手洗いの水は飲用不適と書いてある。歯磨きもペットボトルの水を使った方が良いだろう。タオルに水入りペットボトルが包んであった意味が、これで分かる。つれあいに忠告することを忘れた。まあ、直ちに腹を壊すものでもあるまい。ベッドに横になって、文庫本を読む。この旅の友はアガサ・クリスティのミス・マープルもの。時差ボケで目覚めた深夜に、度々読み継いできたが、今夜は心地よい列車の揺れに、そんなに読書が持ちそうにない。コインブラの駅が近いのか、列車速度が落ちてきたのは認識したものの、それがコインブラであったのかどうか。

（写真5-23）車窓に地平線の日の出

マドリッド朝一番はプラド美術館

まだ車窓が暗いうちに目覚めたのだが、時刻はもう終着1時間半前、身繕いをして廊下に出ると、ちょうど日が昇るところであった。見覚えのあるマドリッド北郊の平原に真っ赤な太陽が、一つの点から赤い丸に、そして光の源となって瞬時に周囲が明るくなった（写真5-23）。車掌がリスボンで預かった指定券を返しにくる。ヨーロッパの高級夜行列車ではお定まりのウェイクアップ・サービス（コーヒーと果物、菓子パンが普通）は、この列車ではないようだ。そうこうするうちに、もう到着30分前、車窓は街の景色になった。車内では荷物をまとめて降車の準備が始まる。朝、8：40、チャマルティンの大きな駅は通勤ラッシュも見られず、意外に静かである。兼ねて調べてあったルートに従って、駅前の乗り場からタクシーに乗る。この北のターミナルから南のターミナル、アトーチャ駅のすぐ南のホテルまで、市街地を縦断して走る。電車がないわけではないが、大きな手荷物を二つも抱えていれば、電車の乗降、大きな駅の昇降は避けねばならない。運転手君は、予約の5つつ星ホテルをすぐに理解した。最近経営が変わったところという。あとは一路南に走っていることを見ていれば安心である。

（写真5-24）アトーチャ駅のホール

さすがに、ホテルのチェックインは未だ無理だった。朝食といっても二人とも食欲はなく、ロビーのソファを借りて、美味しいポルトガルの菓子パンとバナナ、そして茹で玉子（リスボンのホテル調達）の手持ち非常食を食べて済ました。手荷物は小さいものまでフロントに預け、昼まで身軽になって、マドリッドの街を散策する。まずは、明日以後の旅程に備えて隣のアトーチャ駅の下調べ（写真5-24）。隣といっても巨大な駅で、最寄りの入口までで何百mもある。明日のセビリヤ行きAVE（新幹線）の出発ホームを確認して、駅前のプラド通りに出た。

朝一番の目的はプラド美術館である。開館は10時ということで、ちょうど良いから歩いていく。地図ではすぐ向こうの角であるが、マドリッドの街の寸法も馬車基準なのか非人間的。歩いて行くと結構長く、建物の入口がどこにあるかが重大問題になる。プラド美術館の入場口はアトーチャ駅からは見事に反対側にあって、入場券発売窓口には行列ができていた。半額のシニア料金で入っても、見るべきものが減るわけではない。私は25年ぶりの再訪なのだが、記憶に残る展示配置は全く頼りにならず、パンフレットの図面と首っ引きで、早足で廻る。25年前には出張展示中で見られなかった「裸のマハ」も「着衣のマハ」と並んで観賞できた。しかし、ゴヤ関連の展示室は改装中が祟ってバラバラ、「黒い絵」の点数も少なかったように思う。それに、写真撮影が禁止されていて、裸のカメラを首に掛けた私は、少し居心地の悪い思いをするのであった。私もつれあいも結局、印象派とその前後の絵が好きで、カタログからレンブラントやブリューゲルなどの展示場所を探しつつ、2時間半ほど広い美術館の中を歩き回った。

シエスタの後はソル、王宮地区の観光

マドリッドの昼食時間帯は13時半からが基本のようで、美術館で時間を費やしたと思っても、レストランの開店を待って街を散策する暇があった。国会議事堂まえの公園で13時半を待つ。

海外旅行の我らの慣例として、一度はご当地の寿司を食うことにしている。今度は、この昼食をそれにあて、国会議事堂横の「銀座」という店を物色した。定食のサイドに付いた焼きそばが、悪趣味であった。そろそろ、ホテルのチェックインができる。帰路も歩いて、途中の「ソフィア王妃芸術センター」に寄った。ここにはピカソの「ゲルニカ」が保存展示してある。25年前には、スペインに返されたところで、路上の臨時展示施設に公開していたものだ。ここは、これを見れば他に用はない。

チェックインを済ませ、自室に落ち着いたのは16時近くであった。丸1日しかないマドリッド滞在を、これで終わらせることはできない。夕食を王宮近傍で摂ることにして、17時ごろ地下鉄で、「プエルタ・デル・ソル（ソル広場）」に向かった。途中で急いで水を買ったらガス入りだった。スペインでは気をつけなければいけない。必ずアクア「シンガス」であることを確認しなければ。ガス入りは「コンガス」と言って、この方がポピュラーなのである。ソル広場からマイヨール広場へ歩く。広場は相変わらず混んでいた。かつて、イカリングをパンに挟んだ「ボカージョ」を覚えた所である。今度は、隣の「サン・ミゲル市場」が面白かった。さらに歩いて、王宮前広場に至る。「今日は特別の王宮内参観のできない日」と書いた案内がある。もっとも平日でも16時半で閉門である。背広や礼服に身を包んだ数人の出入りする姿が見られた。今夕は晩餐会でもあるのかもしれない。我々は王立劇場脇のパエリア専門店で夕食を摂ることにした。ポープ（ローマ法王）もアサド大統領も訪れたというこの店は19時半の開店まで、少し待たなければならなかった。とても美味しい、パラパラの少し硬めのバレンシア風であった。

列車で行きたいレコンキスタの「関ケ原」、コルドバとグラナダ

新幹線延伸工事中で列車がないコルドバ・グラナダ間

明けて10月5日、8：00発の新幹線（AVE）セビリア行きに乗った。目的地はグラナダである。しかし、マドリッド・アトーチャからのグラナダ行きは、トーマスクックの時刻表にはあるものの、「アンテケラ・グラナダ間はバスで代行」と注記が入って久しい。新幹線化工事が長引いているものと思われる。航空便の利用も考えたが、阿房列車の趣旨にも悖《もと》り、いまひとつ食指が動かない。コルドバからグラナダへ高速バスの定期便を見つけたので、コルドバまで列車で行き、その先をバスで行くことにした。コルドバは25年前スペインに新幹線が生まれた（セビリア万博が開かれた）年に行ったことがあり、その時は夜、夜行で地中海岸のアルヘシラスに出てモロッコに渡った。

グラナダに行きたくて、コルドバに寄ることになった。この両地を関連して訪ねることは、

歴史的に謂れのないことではない。８世紀からイスラム勢力に侵攻されたイベリア半島で、最初にイスラム王朝（西カリフ帝国）が樹立されたのがコルドバで、11〜15世紀のレコンキスタの戦いの時期、最後まで残ったイスラム王朝が山に囲まれたグラナダにあった。そしてこの時、グラナダを攻撃するキリスト教軍の拠点がコルドバに置かれたのである。すなわちコルドバとグラナダは、時代を画する戦い、レコンキスタの「関ヶ原」における桃配山と笹尾山なのである。この二つの都市を相次いで観光することも一興と言えるのだ。

当初、往路はまずグラナダに直行し、翌日の午前にグラナダを立って午後をコルドバの観光に当てることを考えていた。ところが、アルハンブラ宮殿の観光がことの外盛況で、今日の入場予約が取れないことを知らされた。「予約なしの当日入場は長大な待ち行列に並ばされて絶望的、翌日の朝の入場券ならば予約可能」とのこと。そこで急遽、往復を入れ替えて、先に今日は午後までコルドバ観光に費やし、14：00発のバスでグラナダに向かい、明日は昼までアルハンブラ宮殿を見て、15：00グラナダ発のバスで帰ることにした。バスの予約変更は日本からはできなかったので、今日、コルドバのバスターミナルで手続きしなければならない。

スペイン特有の緩やかな丘陵性の広大な大地を走るＡＶＥ２０８０列車の一等車は、通路を挟んで一人と二人の座席配置、黒い革張りの幅広リクライニング。ゆったりしたテーブルに、Ｗｉ-Ｆｉも完備のようだ。つれあいはフットレストが上手く使えたのを喜んで、「今度の旅で最高級の列車だね」とご満悦である。日本の新幹線のグランクラス級と言って良いだろう。このプリファレンス・クラス（一等車）が2両半あって、その後に「エグゼクティブ・クラス」というのが半両付いている。ドアが閉まっているから、どんな具合か、見ることができない。カフェカーを挟んで、前の方はツーリスト・クラス（二等車）、2＋2の座席配置である。時速269kmという表示が出た。連続高架構造ではないが、掘割、盛土と完全分離の線路だから、このぐらいの速度は新幹線としては当然である。少し気になる横揺れがある。隣の連結部にある作業コーナーで先ほどから用意していた機内食のような軽朝食のサービスが始まった。一等客は無料である。ホテルで慌てて朝食を済ませてきた我々には有難味が薄く残念であった。

コルドバのイスラム・キリスト折衷文化

コルドバ駅の隣のバスターミナルで、グラナダ行きバスの指定変更は上手くいった。ALSAというバス会社だ。ただ、往路は14：00発、16：45着と明確に印字してあるのに、復路は15：00発とあるのみで、到着の印字がないことが気になった。しかしスペインでは、こんな窓口でも英語の意思疎通がいまひとつ円滑に行かない。細かいことを問い質すのが面倒になる。自分の英会話能力は棚に上げて、「スペインは困ったものだ。引き換え、ポルトガルの観光関係者は良く努力している」と思う。バスターミナルからタクシーに乗った。

（写真5-25）メスキータ内部の円柱の森とアーチ（コルドバ）

コルドバの観光は、メスキータとアルカサルである。25年前の記憶を頼りに合理的につれあいを案内するつもりでいたが、ずいぶん観光客が増えて混雑し勝手が違う。新しいインフォメーションセンターもできていた。メスキータの面白さは、元来イスラムのモスクとして建築されたものを、キリスト教徒が教会として最低限の改装で使っているところにあるのだが、キリスト教徒の多い今日の参観者は、改装された礼拝堂の祭壇にのみ集中している。つまらない話だ。つれあいをメッカの方向を向く壁に穿たれた、アラベスク模様やモザイクで飾られた禁欲的な祭壇（ミフラーブ）に案内した（写真5−25）。オレンジの木が植えられた中庭の向こうのミナレットには登ることができない。

アルカサルは「イスラム宮殿跡に建設されたカスティーリア王の宮殿で、15世紀グラナダ攻略の拠点になった」と案内にあるが、この水流を生かした美しい庭園はアラブの遺産だと私は思う（写真5−26）。塔の跡に上って、グアダルキビル川に架かるローマ橋の全景を眺め、つれあいに「カルメン」の水浴の故事を話す。この話、今は意外にもあまり聞かれない。

今回新たに知ったのは、旧市街に広がるユダヤ人街の面白さだ。白壁の建物が両側に並んだ石畳の細街路に、いくつかの土産物屋が店を出し、中庭にはオープンカフェが店を開く。外壁も中庭も、その白壁には豊かな緑の中に紅や紫、橙色の花の美しい鉢植えが飾られている。そんな中庭の一つで昼食を摂った（写真5-27）。雰囲気の好さにビールが欲しいところだが、午後の行程が気になるので、アクアシンガス（水）で済ますことにした。冷たいガスパッチョが美味しい。

（写真5-26）アルカサルの庭園

（写真5-27）ユダヤ人街のパティオのカフェ

こんな美しくも可愛い町を造り、維持しているユダヤ人だが、元来アラブ人に付いて来た人たちで、商売が上手く財を成し街を造った。レコンキスタの後もここに残ったが、キリスト教徒には何かと苦労をさせられたという。ナチスのユダヤ迫害から今日の中東問題に通ずるこの民族の複雑な立場を思わされるのであった。

高速バスで走る「替玉阿房列車」

バスはハイデッカーの大型で、2＋1の座席配置。中央乗降口の脇にトイレも付いているから、乗車時に支給された水も気軽に飲める。隣の一人席には日本人の若い女性が座った。つれあいは会釈を交《かわ》している。コルドバの市街を抜けると、バスは真すぐ南下してマラガに至る高速道路に入る。ずいぶん大回りになるが、どこかで東西に走ってグラナダに至る高速に入るのだろう。車窓は、すぐに台地状の大平原になり、オリーブのプランテーションが広がる（写真5―28）。マドリッド周辺や北方と違って、このあたりアンダルシア地方は開拓が進んでいるようだ。正面、遥か東方には禿山の高山の連なりが見える。私の地理感では、あれを越えたところにグラナダの盆地が拡がるはずだ。

（写真5-28）遥かな大地に広がる農園

車窓両側は隙間のないほどに、オリーブか葡萄の農園が続いている。しばらく走ると、岩山が近づいてくる。登れないほどの急峻ではないが、這い松の1本もない。ほんとうに天然の緑には恵まれない地勢であるようだ。15：47、西に向かって走り出し、建設中の新幹線と思しき構造物が見える。慌てて写真を撮ったが、見えつ隠れつしばらく併行して走るようだ。グラナダ新幹線はマラガ新幹線から分岐して東から繋ぐルートを採るようだ。車窓、周囲は高原状の上に、小山が現れては後に飛び去る。いよいよ、山岳部に入ってきた。左手にゲニルという川が流れて渓谷の様相を呈す。貨物列車が留置された在来線の鉄道線路がとぐろを巻く右手の山襞を回ると、遠くに街影が見えてくる。16：00、グラナダが近い。

16：30、右手に空港を見て、バスは一般道路に下りた。グラナダのバスの駅は案に相違して在来線鉄道駅とは随分離れていた。旧市街の西に広がる新市街地の西北に位置する。2層構造の駅舎の2階の正面出口を出ると、前面街路にはいかにも新設の路面電車（LRT）が走っていた。しかし、その路線はすぐに南下して鉄道駅の方に向かう。新市街地の発展に併せて整備されたようだ。タクシーで着いた予約したホテルは、新市街の内では古い繁華街と発展中の新市街地との境界に位置し、中古建築を再利用した小規模ホテルで、フロントは色の黒い男が一人で取り仕切っている。チェックインと同時に受け取ることになっていた明日のアルハンブラ宮殿の入場券とオーディオガイド・セットも、こちらから指摘しないと渡してくれない。

コンシェルジュなど望むべくもないから、このフロントマンに今夜の夕食付きフラメンコ・ショーの予約を依頼したが、すでに満員で余席がないとのこと。仕方がないから、食事はホテルで済ませて、「夜のアルバイシン観光と洞窟のフラメンコ」というツアーの予約を取った。21：30にホテルに迎えが来る、送迎付きである。ところが、「ホテルのレストランは今夜は貸切になっているから、夕食はカフェで済ましてくれ」という。実際、レストランからは立食パーティーに向けて食堂設営の騒音がする。近所の適当なレストランを紹介する素振りもない。

部屋に引き取って旅装を解き、しばし休憩をして、19時半ごろカフェに下りた。なんと、カフェの席も大柄の（というよりも太った）老中年欧米人で満員で、カウンターに一つの席しか空いていない。つれあいを座らせ、私は立ってピザとサンドイッチを注文するのであった。もっともカフェを占拠していた連中は、20時になると全員パーティー会場に移っていった。そういえば、こちらも一人で立ち働くマスター親爺に文句を言った時、「しばらくコーヒーでも飲んでいたら、いかが」と言ったような気がする。どうもスペインの英語は分り難い。席が空いてから分かっても後の祭りである。

グラナダはアルハンブラのみにあらずと言うけれど

フラメンコはタンゴの曲に会わせて踊るものと思っていたけれど、サクロモンテの丘の洞窟に似せた小屋で観賞したフラメンコは、中年男が渋い枯れ声で唸るように唄う歌に乗せて、踊るのであった。３人の女性と一人の若い男性が交互に踊ったが、中年女性の踊りに酔いしれた感がある。老女のそれは色気が鼻に付いいたし、若い女は青さが残る。ショーの前に、アルバイシン地区の暗い石畳の坂道を、若い男のガイドの率いられて随分（1時間ほど）歩いた。この地区はアルハンブラ宮殿の谷を一つ隔てた裏山で、ライトアップした宮殿の夜景を見せるのが売りであるが、ほの暗い門燈に浮かび上がる白壁の街と細街路を歩き回るのも、私には結構面白いのであった。

（写真5-29）ヘネラリフェ離宮の庭園（グラナダ）

名古屋の旅行社の花泉さんは、「宮殿の中を見なくても、グラナダの町は十分見る価値がありますす」と言ったけれど、さはさりながら、やはりアルハンブラあってのグラナダである。朝はつとめて早く起き、タクシーを駆って9：00にはアルハンブラ宮殿の入場口に立つことができた。当日券売り場の長蛇の列を横目で見つつ、ゲートを潜ると何か気が急《せ》いて、広い二つの尾根から成るアルハンブラ宮殿の道を間違ってしまった。普通は帰路に立ち寄る離宮、ヘネラリフェの方へ先に踏み込んでしまったのである。途中で気が付いたが、肝心のナスル宮殿の入場時刻が10時と厳定されているので戻っている暇はない。紅と紫の花壇に囲われて噴水と流水の池の美しい離宮の庭を一回りして終わりにする。離宮の出口の係員が「もういいのか。再入場はできませんよ」と念を押した（写真5－29）。

「メディナ」と呼ばれる外苑は、早足で通り過ぎる。たしかモロッコでは旧市街の遺跡地区を「メディナ」（アルジェリアでは「カスバ」）と呼んでいる。サンフランシスコ修道院跡はパラドール・デ・グラナダというホテルになっていて、立ち入るのもはばかられる。つづくサンタマリア教会とカルロスＶ世宮殿はレコンキスタの後の増築で、イスラム文化の遺跡から見れば破壊の事蹟に他ならない。実際、宮殿はナスル朝初代ムハンマドⅠ世が建てたナスル宮殿の一部に侵食して建てられている。

（写真5-30）バルタル宮殿の庭（アルハンブラ）

１２３８年に建国されたグラナダ王国の遺跡としての本命はナスル宮殿とその背後のバルタル庭園、そして城砦遺構としてのアルカサバである。ナスル宮殿の美しさと結構の面白さは、どのガイドブックにも書き尽くされている。あえて付加えるとすれば、やはりアラブの造作における水の活かし方の上手さと美しさであろう。それは、庭園では花と緑と見事に融合している（写真5−30）。アルカサバの塔の跡に登って、ようやくこの宮殿が城塞であったことを理解する。グラナダの市街地全景を俯瞰して、レコンキスタの戦いの名残を感ずることができる（写真5−31）。ともすれば、アルハンブラ宮殿の入場口は、町に一番近いこのアルカサバにあるように思いがちだが、実は、アルカサバは城砦であって、入場口からは一番奥に位置するのである。

入場口に戻って、帰路はアルハンブラ・バスという小型の観光ルートバスで新市街の都心に戻った。市庁舎広場でトイレを借りて、遅れ馳せながら観光地図を入手する。たしかに、新市街も見るべきところが多いが、もう昼食を摂らねば時間がない。市街地の中心といえるヌエバ広場のオープンカフェで鰯サンドとイカのから揚げの昼食を食べた。おそらく今旅行最後の正餐となるであろうから、昼ではあるが、体調を押してワインを飲もう。

（写真5-31）アルカサバ（城砦）からグラナダ市街を見下ろす

都心からグランビア・デ・コロン通りをホテルまで、カテドラル（大聖堂）を横目で見つつ歩いて帰る。途中で、大型連接バスの写真を撮った。この通りはグラナダきっての目抜き通りで、バスの優先走行措置が施されており、立派な専用バス停もある。BRT（新バスシステム）と言ってよい。ホテルに帰ったのが14時。フロントで小ぶりの手荷物を引取り、オーディオガイド・セットを返却して、バスの駅までのタクシーを呼ぶ。15：00のコルドバ行きバスの発車まで、もうそんなに時間はない。ターミナル前でLRTの写真を撮るチャンスがあることを祈るばかりである。

夕陽を受けてAVEは走る

帰りのバスは大いに予想が狂った。往路と同じルートを快適なバスで走るのだろうから、昼からワインを飲んで寝て行くつもりでいたのだが、バスは普通の52人乗り大型バス。2＋2の座席配置の一番後ろの左側に押し込まれた。後部窓から午後の陽射しで温室のように暑い。しかも、バスは一般道路を走り始めた。斜め北西へ一直線にコルドバへ結ぶ街道で、往路の高速道路の三角形の2辺を1辺で短絡することにはなるが、街道が集落の混雑の中を通ることでもあれば、到着は何時になるか分からない。つれあいはもとより我らはトイレが近い自信がある。幸いつれあいは最奥の席でもう白河夜船、彼女の眼が覚めぬようゴソゴソとコルドバからの遅い時刻の列車を調べて、気のみ焦らせるのであった。

幸い、バスは途中の町に停まることもなく、これなら高速道路は不要とばかり快調に走り続け、往路より30分も早く、コルドバの町を見下ろす丘を過ぎた。折りしも眼を覚ましたつれあいに、「もう半時ほどで到着だ（それまで我慢して！）」と伝える。目覚めの水は控えたほうが良い、とはむしろ自分への忠告である。結局、AVEの予定発車時刻に30分の余裕を持ってバスはコルドバに着いた。駅では、日本人の大団体が大きな手荷物を保安検査にかけ、大人しく添乗員の指示に聞き入っていた。久し振りの日本語であった。

やはり、文明の利器は安心感をもたらす。AVE2173列車のプリファレンス席に腰を落ち着けた途端、一挙に安堵が訪れ、この10日に渡る葡西都（葡萄牙〈ポルトガル〉西班牙〈スペイン〉の都市という洒落のつもり）巡りの旅の無事完了が意識される。折から、軽食のサービスが始まった。今日の夕食はこれでおしまいだ。ホテルには20時過ぎに着けるはずだが、明朝の帰国便は早い。帰国の荷造りを考えれば、改めて食事を摂る暇はない。左の車窓の地平線に沈む赤い夕陽が美しい。あまり美味くもないスペインのビール（「セルベッサ」というスペイン語を今頃、思い出した）で乾杯する。「いつの日にか再び、今度はグラナダまでAVEで訪れたいものだ」と。

Ⅵ　念願の奥バルト・ロシア・欧州連絡阿房列車

またしても長過ぎる「序」

２０１５年の「アメリカ北東回廊と『三日月』阿房列車」の旅では、最終盤のハリケーンによるフライト・キャンセル対応の折に、唄の歌詞ではないが「つれあい」の〝傍に居てくれるだけでいい〟有難さを知った。２０１７年の「南蛮文化のルーツとレコンキスタの旧跡を巡る」旅では、便秘による体調不良を押して旅を続け、「つれあい」の存在が大いに心強く思われた。こうして古希を過ぎてもなお続ける異国阿房列車の旅には、「つれあい」の同行と大きな手荷物から解放してくれる「イージーオーダーの旅」が不可欠である。もっとも「つれあい」に旅の同意を得るためには、彼女の好きな旅の目的を旅程に組み込むことが肝要。彼女は私と同じく世界の都市の佇まいを楽しむことも好きだが、美術館を見て回ることが殊《こと》の外《ほか》好きである。特に印象派の絵が好きなようだ。

そこで、今回の「ランドオンリー」はヘルシンキで合流し、珍しく一行全員が列車でサンク

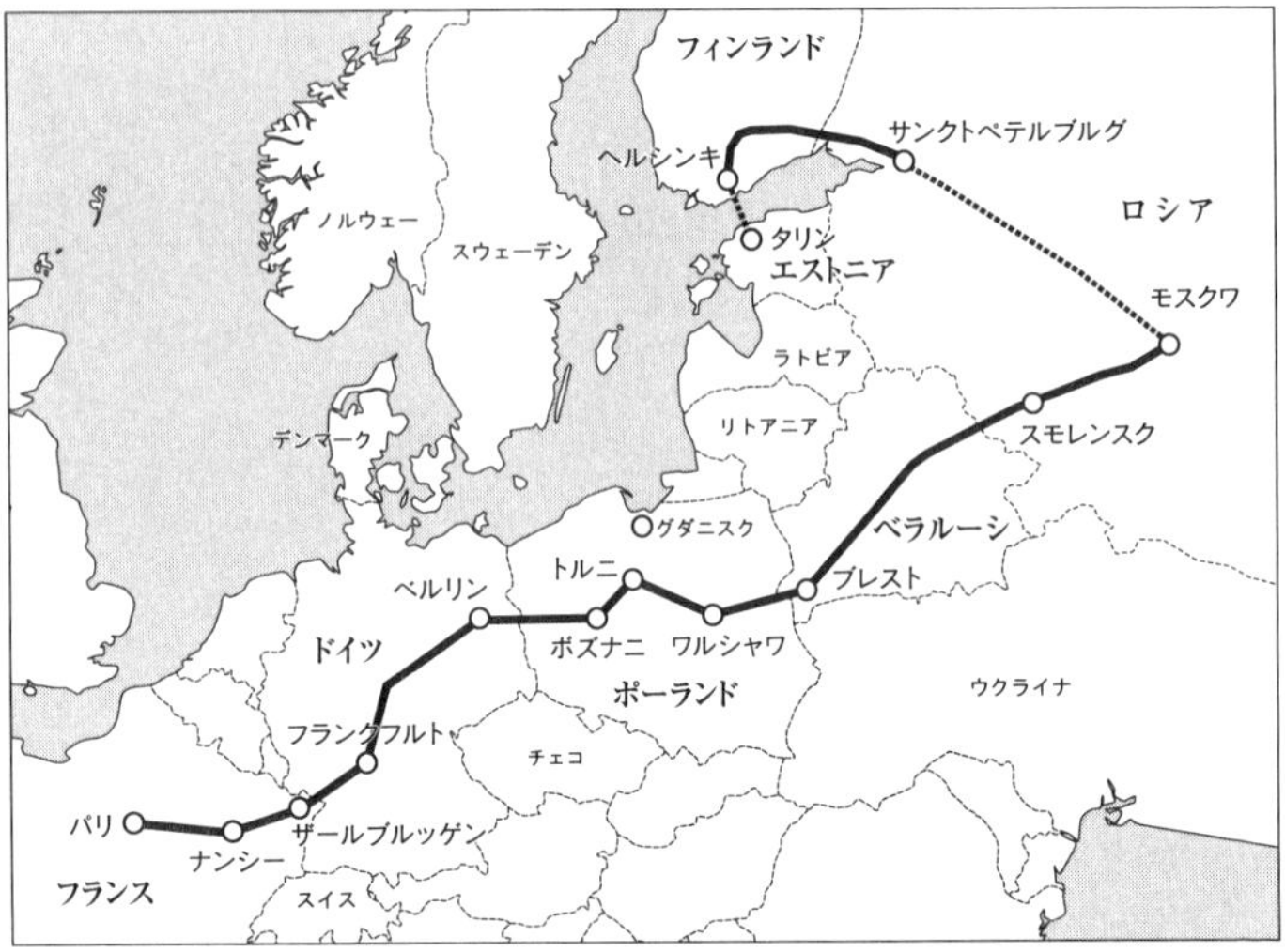

ト・ペテルブルグに移動し、エルミタージュ美術館をじっくり鑑賞する。このツアーをモスクワで離団して、モスクワ・パリ間を2泊かけて走る豪華寝台急行「欧州横断急行（TEE）」に乗り、パリでは「つれあい」の未だ見ていないルーブル美術館を鑑賞することにする。これで、彼女は世界の有名美術館はあらかた鑑賞したことになる。こうして、今年は順調に10泊11日の「北欧・ロシア・TEE・パリの旅」の諒承を得ることができた。ここで、TEEとは、元来ヨーロッパ全土を駆け巡る国際上級列車の一般名称であったが、高速鉄道（新幹線）の普及とEUの拡大定着を受けて、この名称は使われなくなってしまった。今は、この「モスクワ・パリ欧州横断急行」に「TEE（Trans European Express）」の愛称が使われている。

「つれあい」との年寄りの旅は「あの時は、ああだったね」と共に語る懐旧の旅ともなる。因みに私が最初にパリに行ったのは1975年の秋、夫婦で共に歩いたのは1992年の夏。サンクト＝ペテルブルグは2回とも教え子の「カメさん」と一緒で、1998年と2008年。ヘルシンキは今や名古屋と欧州を繋ぐゲートウェイ、幾度も訪れているが最近では5年前、「大ブリテン阿房列車」の旅の折に「つれあい」と1泊して街中を散歩している。今回は、2019年5月30日出発の11日間、手荷物はその二日前に宅配便で空港に送った。

欧州横断列車旅行の前座、ヘルシンキとタリン

ランドオンリー

中部国際空港「セントレア」からヨーロッパへの直行便は、毎日就航となったフィンエアのヘルシンキ便を使った。本隊の「華麗なるロシア周遊と北欧2都8日間」の一行は、成田空港からJALで飛んでくる。ヘルシンキ国際空港の入国審査を出た手荷物返還ターンテーブルの前で合流することになっている。

私たちの便は定刻より30分も早着、20分後に着くことになっている成田からの便を随分待たされることになった。しかし、最近改装が竣工したはずのヘルシンキ空港の旅客ターミナルは、

インド人と中国人の団体客が多く、入国審査の官憲は彼らを徹底的に審査するので、待ち行列は遅々として進まない。折角、高齢者の長時間フライトとてビジネスクラスでやってきたのに、プライオリティ処理の特権も台無しである。もっとも、最新式のパスポートの電子照合も結構時間がかかって、官憲と旅客は話題が途絶え、黙してにらめっこをしている間の抜けた現象もある。

そんなこんなで入国をして、ターンテーブル前に立った時には、私たちのトランクは、既に二つ並んで床に取り置いてあった。手荷物の方はプライオリティ・タグが順調に機能しているようである。現地人のガイドが英語で「あなたたちが名古屋から来てここでフレンドツアーに合流する、このトランクの持ち主か」と、挨拶を兼ねて聞いてくる。トランクを取り置いてくれたのは彼女であったらしい。「名古屋便から2個、成田便から11個、トランクをピックアップして荷車に積み、外のバスの腹に納めるまでが阪急旅行社から指示された私の仕事です」と、暇に任せてしゃべりながら、我ら夫婦と3人、ベンチに座って待つ。と、彼女にケータイがかかって、「成田便は定刻に着いて、もう入国審査の待ち行列に並んでいるのだが、中国人団体の列が長くて、しばらく待ってください」とのことである。間もなくターンテーブルにトランクの列が並び出した。彼女はかいがいしく立ち働いて手荷物をピックアップし、助手の若い男に、大きな手押し車に積載させる。13個のトランクを1台の荷車に積み上げるのは、ちょっとしたパズルである。ひとつ、小さいがやけに厚みのある細長いサイコロのような格好をした異形のトランクがある。「あれを抜き出して一番上に積めば良い」と、私は内心思うのだが、彼は一番軽めの我らのトランクを、一番上に積んだ。バスに積むまで、落ちないよう監視をしなければ。

時刻は午後4時を過ぎているが、緯度の高い北欧の夏は未だ陽が傾く気配すらない。迎えのバスは、渋滞に巻き込まれることもなくヘルシンキ中心市街地の外縁にあるホテルに着いた。ロビーで部屋割りとルームキーが配布された。一行は12人、珍しく全て夫婦である。ツアコンは若い元気な女性の龍水さん。

中途半端なヘルシンキの夕べ

10数時間の長旅への配慮なのか、旅行社の手抜きなのか、「この夕の食事はご自由に」ということなので、キオスクでトラムの2時間券（乗り放題）を買って、夕食がてら都心散歩に出かけた。まずは5年前に楽しかった中央ふ頭地区の散歩に向かう。当時、見残したウスペンスキー大聖堂の前まで電車で行けるはずだ。歩いて都心地区まで行った人もいるようだが、この聖堂まで歩いてはいないだろう。

記憶していた「フィッシュ・マーケット」という高級フィンランド風レストランは廃業した

のか見つからなかった。随分賑やかに市民が散策しているエスプラネーダ公園には、瀟洒で素敵なカフェがあったが、その時は見送り、単独行の龍水さんにバッタリ会って、デパート「ストックマン」のカフェを教わった。しかし、あいにく5月30日は今年、昇天祭の祝日で街の主だった店は18時閉店。結局、チェーン店カフェのクロムッシュとコーヒーでお茶を濁すのであった。それでも、帰りのトラムに乗車したのは、2時間の制限時間を厳密には超えていた。しかし、自己改札・抜き打ち検札の料金制度では、この程度のルール違反は誰も気にしない。

（写真6-1）オールドマーケットの中で

（写真6-2）テンペリアウキオ教会、岩山の礼拝堂

こうして、旅の長い初日は薄暮の中、暮れていった。

ヘルシンキの街の団体観光は、翌々日、同地を列車で出立するまでの半日が当てられた。シベリウス公園に始まって、大聖堂、元老院広場、埠頭近くのオールドマーケット（写真6－1）と、歩いて散策し、バスでテンペリアウキオ教会

（写真6-3）ヘルシンキ大聖堂

まで往復して、再び元老院前のフィンランド料理の食堂に戻り、ニシンのフライの昼食となった。いわば定番のコースだが、要予約の大聖堂や教会は5年前には中を拝観できなかったから、パック旅行の有難さが良く分かる。

とくにテンペリアウキオ教会は岩盤を刳《く》り貫いて作った教会で、内部は一見に値する（写真6−2）。宗教行事のため拝観の時間規制もあり、今回は必要以上に市街地を往復することになった。前回は裏の公園から岩山の上によじ登り、十字架を裏から回って正面玄関を眺めただけだった。随分、神を冒涜した所業をしたものである。大聖堂は、建物の外観正面と内陣主軸が食い違っており、脇の口から入ったはずが祭壇の正面になるのであった（写真6−3）。

海を渡り日帰りで行く、世界遺産都市「タリン」

翌日は早朝から雨だった。朝食も摂らず、6：30にバスに乗って、雨中ヘルシンキ西港に向かう。この小旅行は大きなフェリーでバルト海を横断し、隣国エストニアの首都タリンを日帰り観光する（写真6－4）。朝食は船内のビュッフェスタイルの大きな食堂で摂る。単に時間節約になるのみならず、この船旅は国際航路だから、食堂もカフェ、バーもそしてスーパーからブティックまで全て免税。着いても下船せず、そのまま戻る旅客もいるという。

しかし、我々の旅の目的は、免税品の買い物でも安酒に酔い痴れることでも勿論ない。ビュッフェでそれぞれ朝食を済ます頃には少しばかり船の揺れが気になったが、ほぼ平穏にタリン港に入港した。荒れる海を眺め、つれあいと「かつて、ロシアのバルチック艦隊は、ここを左から右へと航行し、遥か喜望峰を回って対馬海峡に至り、大日本帝国海軍に撃破されたのだな」と話したら、「そういうことですね」と相槌が返ってきたのは、意外にも若い喬諏訪氏だけだった。

（写真6-4）タリンの丘の上からバルト海を望む

タリンはバルト3国の一番北に位置するエストニアの首都で、バルト海を挟んでヘルシンキと対面している。旧市街地に中世以来の伝統的町並みが残っていて、その全域が世界遺産（ユネスコ、1997）に指定されている。しかも、今年はロシア帝国が崩壊して、一時的に占領したドイツからも独立を果たし（1918～20）てから100周年ということで、記念の淡青色のロゴを染め抜いた旗幟やバナーを掲げ、街を挙げてお祝いムードの中であった。

迎えのバスは、港から旧市街の入り口のある城門までの、ほんの短距離。旧市街の南に当たる丘の上、トゥーンペア門から男女二人の日本人現地ガイドに案内されて散策を始めた。アレクサンダー・ネフスキー聖堂とその前のトゥーンペア城（写真6-5）を参観するうちには幸い雨も小降りになった。馬車道として作られた石畳の「長い脚の坂」を横切り、中世以来の城塞やデンマーク王の庭を眺めながら、庶民のための石畳の小径「短い脚の坂」を下る。旧市庁舎に面した広いラエコヤ広場まで下りてくると旧市街地散策の主要ルートは終わりである。広場に面した古い薬屋や一本入ったメインストリート、ピック通りの石畳の佇まいを見る。目の前に旧商工会議所ビルとタリンで最も古いというカフェ、マイアスモックが二階にあるビルが相対して建っている。カフェの一階には有名なチョコレート屋さんがあって、皆が早くも土産を買った。中年の婦人がアーモンドの粉で作る「マジパン」製作の実演を

（写真6-5）トゥーンペアの城塞

行っていた。

昼食は、ラエコヤ広場に面した食堂「オールドエストニア」で初の全員会食。食後の自由時間で、我らは再度トゥーンペアの城塞まで登り（写真6-5）、聖ニコライ教会を復元した博物館を見学した。「オールドエストニア」の前に集合して、旧市街地の中では大通りのヴィル通りを歩いて、南東の城門で迎えのバスを待った。

南の城門を入って以来、この間約6時間、結構賑やかな街の散策はのんびりと談笑できて、自動車に煩わされることはほとんどない。勿論完全に車が排除されているのではないが、町中の歩行者優先が徹底している。自動車の進入を抑えるアザラシの格好の置石が道の真ん中にあって、薊内夫人は「あら、このベンチ可愛いわねえ」と腰を下ろしていた。もう一つ気付くのは、新市街地の幹線道路でも、路面電車が止まると並走している自動車がその場でピタリと停まる。電車乗降客の安全を徹底しているのである。中世の面影を残したタリンの街は、その暮らしぶりにも往時のヒューマニズムが残っている。

「アレグロ」という名のL特急

乗車を待つ間に

珍しくその行程に鉄道利用を組み込んでいる今回のパックツアーだが、12人の団体客とはいえ手荷物扱いサービスのない定期運行列車の利用はかなり面倒である。6月1日の午後、バスでヘルシンキ中央駅のホームの脇に着いた。この駅は典型的なターミナル型（頭端型）構造で、多くの線路とホームの突き当りに立派な駅舎主屋がある。豪壮な石造りの正面ファサードを持った駅舎で、その前面は駅前広場と立派な建物の建ち並ぶヘルシンキの中心市街地である。

（写真6-6）ヘルシンキ中央駅構内

この駅から出発するのであればこの正面玄関から入りたいものであるが、団体旅客はポーターに牽かれた手荷物車とともに、ホームの脇からこそこそと駅構内に入るのであった。そして、待合室で時間を調整しホーム頭端を回って、荷車の後に随って発車ホームの中ほどに進む。立派な駅舎はあっても、駅は何時の頃からか無改札で、案内アナウンスもほとんどないから、自分たちの乗る列車が何番線に入線するかは、駅舎のコンコースにあるパラパラ式の可変式時刻標示版を見ないと分からない。しかし、一行はガイドに従って心配する気配がない。私のみが小走りで発車時刻板を見に行って納得する（写真6-6）。丁度、我らの乗車す

（写真6-7）国際特急「アレグロ」

る特急「アレグロ」が静々と入線してくるところであった（写真6－7）。

すぐには列車の扉は開かない。炎天下のホームにしばらく立って待たされることになった。この間を利用して、龍水さんは席決めの籤引きをした。勿論夫婦は並びであるが、席の位置は車内の左右前後にバラ撒かれている。どちらかと言えばバルト海が見えるかも知れない右側が良い程度、と気軽に籤《くじ》を引いた。25番という中程の席の位置づけを、車輛の窓の内を覗きながら考えた。座席配置はクロスシートだが、日本の電車の多くと異なって座席の回転ができない。真ん中の2席のみ向かい合わせで、前半分の席は後ろ向きで3時間半の乗車を過ごすことになる。できれば、列車の旅は前向きで楽しみたいものだ。どうやら他のメンバーの引いた番号は、皆25より若いようだ。前から番号を数えると、25は丁度向かい合わせの最後尾、前向きの始めに当たると読んでほくそ笑んだ。10分程後、列車に乗り込んでみて気が付いた。座席番号が前から順に打たれていると、誰が決めた。後ろから打てば、私たち夫婦の席は後ろ向きの最初になるのだった。向いの席は喬諏訪夫妻だった。

愕然とする私に、彼らは「席を交換しましょうか」と言ってくれた。まあしかし、それ程のことではない。それでは籤を引いた意味がない、と申し出は有難く辞退した。それよりも、3時間半の向かい合わせ席で喬諏訪夫妻とはゆっくり談笑できて、ことのほか親しくなった。

もう一つ、ホームで待っている間に話題があった。通訳兼ガイド氏とポーター親爺との論争である。この列車の車内には網棚の外は手荷物置場がない。そこで、旅行社は荷物置場として二人掛け席を一つ余分に確保してあった。ところが、ポーターの親爺はそれをガイド氏から告げられると、「それは無駄だ。これしきのトランクなぞ、網棚で十分だ」と言い張って譲らない。旅行社の気配りがポーターのプロ意識を傷つけてしまったようだ。結局、ガイド氏がどう話をつけたかは分からないが、我らがトランクは一部は網棚に並んだようだが、相客のインド人家族が、大量の手荷物を網棚に領域を越えて並べており通路にもはみ出して、我らは手荷物席も活用せざるを得なかったようである。

列車で国境を越える

この特急はヘルシンキとサンクト＝ペテルブルグの間を3時間半で走り、日に4本運行されている。1日に何本も同形式の上級列車が走るこの運行形態を、日本では「L特急」と呼んでいる。機関車をつけない電車型の列車で、座席は上述のクロスシート。いまや日本をはじめどこの国でも見かける電車特急で何の変哲もない。416kmを3時間半で走るのだから、日本でいえば在来線の特急に相当する。この路線には「アレグロ」の外に日に1本（土曜運休）、モスクワ行の夜行寝台列車「トルストイ」号が走っている。この列車は、サンクト＝ペテルブルグまで6時間半かかっており21年前と大差はない。21年前は、「レーピン」号という、やけにベッドが高い個室寝台を座席として利用した電気機関車牽引の列車で行ったのだが、所要7時間の間、床に足がつかなくて随分疲れたことを思い出す。15：34、ヘルシンキ発で、サンクト＝ペテルブルグ終着は22：48、途中、食堂車で摂った夕食の鰻の料理（唐揚げ？）の美味くなかったことが随分記憶に残っている。今日は、これまた陳腐な車内売りのワゴンが飲み物やスナックを売り歩く。

列車は定刻、16：00に何の合図もなく静かに動き出した。しばらく車窓に市内公園と化した湖を映しつつ徐行する。郊外駅の幾つかを通過するうちに速度が上がり、白い雲を浮かべた青空の下、森林と湖が車窓を流れる。線路は内陸に入るようで、右側の車窓といえどもバルト海が見える気配はない。幾つかのフィンランド内陸の小都市の駅に停まったが、向いの喬諏訪夫妻との話に花が咲いて、ほとんど記憶に残らない。18時に近づく頃、添乗員の龍水さんが、「今日は、国境通過に際し、フィンランドの係官が全員の手荷物検査をすると言ってきたので、皆さんご準備ください。いつもこんなことないのですがねえ」と言い出した。しかし、まずは件《くだん》のインド人客を先にやるので、日本人は後回しだ。インド人客に「あなたたちの手荷物は、どれとどれか」と確認している。私たちは自分のトランクがどこに積まれているか分からない。しかし、私は慌てるのはまだ早いと思った。案の定、しばらくして「日本人グループの検査は抜き取りとする」ということになった。網棚にあったトランク一つと件の手荷物席に置いてあったサイコロ型の異形トランクが指定され、その持ち主が開錠検査に付き合わされた。車両の連結部で人目につかないようにやっている。さすが先進国の官憲、プライバシー保護の原則に則っている。それにしても、彼らの本音は、異常ともいえる多量の手荷物を持ち込んだインド人家族の検査にあったことは歴然としている。偏見の誹りを免れるために、「同乗の日本人も全員拝見」と言ったのであろう。検査に抜き取られたトランクは、私が空港の手荷物受取場で注目した格好の好い異形のトランクだった。国境を越える旅行では目立つことは何かと鬼門である。

ヴァイニッカラというのがフィンランド側の国境駅であった。出国検査は記憶にないほどあっけなかったが、パスポートには確かに蒸気機関車の出国記号とともにこの地名が記してある。車窓にも何の国境らしき雰囲気は感じられない。21年前には、未だソ連が崩壊した直後で、鉄条網の柵や監視塔が厳めしく眺められたものだが。そういえば、雑木林の下草の中に、朽ち果てた鉄条網の残滓が見えたような気がしないでもない。この駅から、ロシア側の入国審査官も乗り込んだ模様であるが、差し当たり何の動きもない。

ロシアは未だ、入国者に入出国カード（D／Eカード）の提出を義務付けている。添乗員が用紙を配って、モデルを提示し、各員車内で記入・署名するように指導する。物凄い小さな文字で、ロシア語（キリル文字）と英語の併記になっており、見難いことこの上ない。記入は英語でよいとのことだが、列車の揺れで一筋縄では記入できない。この期に及んで、列車の揺れが日本の列車より大きいことが認識された。龍水さんは「モデルの通りに記入して署名だけ自分のもので」と言うが、我々は一行とは出国の方向が違うから注意を要する。一応、英文を読んでみると、このフォームはロシア・ベラルーシ共用のようで、であるならばモデルでは「NARITA」となっている出国先は我々の場合ワルシャワか、パリか。ワルシャワのスペルが分からないからPARISと書いた。それにしても、よその国と共用の入出国手続き書式を作るなど、ベラルーシという国の独立性が疑われる。それでいて独自の通過ビザ取得を要求するのは矛盾しているともいえる。ひょっとすると、ロシアのビザと一緒に取る方法があったのかもしれない。

「通過ビザ」余談

「通過ビザ」というのは、旧共産圏諸国にあった外国人旅行者管理・規制手法で、当該国を鉄道で通過するだけでもビザの取得を強制するものである。多くの場合、手数料まがいの強制通貨交換が伴っていた。私は1983年、イスタンブールからベオグラードまで有名な「オリエント急行」の残滓のような列車に乗った時にブルガリアで、初めてこの「通過ビザ」の洗礼を受けた。しかし、最も強烈な体験は21年前のリトアニアで、今回と同じヘルシンキからロシア経由ポーランドに抜ける旅の時のこと。

リトアニアの首都ヴィルニュスでワルシャワ経由ベルリン行きのチケットを手配しようとすると、インツーリストの現地支店の親爺から「ここからワルシャワへ抜ける鉄道線路は、独立国になったベラルーシを通る。しかるに貴方たちは同国の通過ビザを持っていない。だから、列車の席を確保できてもチケットを発行するわけにはいかない」と、申し渡された。通過ビザを取るためには1日領事館に並べば翌日の内には発行されるとは言うが、それでは旅程が1日以上遅れてしまう。結局、直接ポーランド国境に抜ける路線バスで終日、リトアニアの田舎道を走った。

今回は、TEEのチケットは国内で簡単に入手できたが、旅行社に「ベラルーシの通過ビザは要らなくなったのですか」と確認したら、旅行社の担当者は調べて大いに慌てふためいた。列車チケット発行には、やはり通過ビザが必要で、しかもその取得にはロシアのビザが取れていることが条件となっていたのである。

バルト海最奥部は「フィンランド」湾

列車が国境を越えるころ、ものものしく巡回してきたロシア官憲は、無言でD／Eカードをチェックし、D（入国）側片を回収、E（出国）側片をパスポートにホチキス止めして渡してくれた。厳めしい外見の割には肩透かしの優しさであった。ロシアという国の第一印象である。18：20過ぎ、列車はヴィヴォルグに着いた。5分間停車である。この町はかつて、フィンランド第2の都市であったと言うが、戦争の結果、ロシアに帰属した。右手車窓に海が広がるが、これぞバルト海の最奥部でその一番奥がサンクト＝ペテルブルグである。湾の名称は「フィンランド湾」、大国とはいえ陸は占領しても海の呼称の変更までは儘《まま》ならないようだ。それとも、ロシアは今でもフィンランドを、ベラルーシのような属国と思っているのだろうか。「日本海」／「東海」論争のようなことがあるのが普通のような気がするのだが。

先程から海の向こうに街並みが垣間見えていたが、この駅前に広がる市街地も十分地方中核都市の風格を備えていた。ヴィヴォルグを出て小一時間、フィンランド湾（ネバ川の河口部か）の向こうに大都市の街並みが見えるようになると、列車は終着、サンクト＝ペテルブルグ・フィンランディスカヤ駅が近いのであった。

【余談】迷惑なロシアの大都市の駅名の付け方について一言。ヨーロッパの大都市には普通、多くのターミナル鉄道駅がある。各地から伸びてきた鉄道線路は都心に入ることなく、ましてや都心を通過することなく、都心周辺で止まって、頭端型のターミナル駅を作る。したがって、中央駅級のターミナル駅は都心環状道路に沿った辺りに幾つもできることになる。そこで、都市の名を付した中央駅を一つに決めることを避けて、ロシアでは、その路線の向こう側終点の都市・地域名を駅名に使っている。たとえば、サンクト＝ペテルブルグでは、ヘルシンキから来た路線のターミナルは上記のように「フィンランディスカヤ」、モスクワから来た路線のターミナル駅は「モスコウスキィ」、21年前に私が乗ったバルト3国のリトアニア方面に行く路線の出発駅は「バルチスキー」と言うように、である。モスクワも同様な方式をとっている。これは、不慣れな旅人には大変迷惑な命名法であって混乱を起こす人も多い。パリでは、「リヨン」駅がこの例であるが、かつて「え！リヨンてパリの中にあったの」と騒いだ日本人旅行者がいた。

再々訪、サンクト＝ペテルブルグ

歩く街ではないサンクト＝ペテルブルグ

最初（1998）のサンクト＝ペテルブルグ訪問はたった二人の珍道中で、まずは街の区画の大きさに驚いた。駅から1街区離れたホテルまで歩いた時は、石畳の舗道をキャスター付きトランクを曳いて行く道のりは永遠に続くように思われた。歴史を辿るに、元来この街は馬車で行く階級に合わせて造られているのだ。道を歩く庶民のことなんか考えていないのではないか。もう一つ面食らうのは、当然ながらロシア語とキリル文字が街に氾濫していることで、英語が通じ難いことは覚悟していたが、街に掲示される地名や施設名に全く理解不明の文字が並んでいる。アラブ文字やハングル文字のように全く文字の書体が違えば諦めもつくが、キリル文字はアルファベットに似ていて読みが違うのだから始末が悪い。

2回目の2008年は、ロシアの専門家の同僚が同行したから、状況は格段に改善された。おまけにシベリア鉄道の8日間の間に、キリル文字を若干彼から教わったから、「P」のがロシアでは英語の「R」に当たること位は理解した。しかし、その彼はこの町では他に仕事を抱えていたから、やはり私たちは、ネフスキー大通りを往ったり来たりするよりほかはなかった。

バスで巡るサンクト=ペテルブルグ

その点、パックツアーは有難い。大型バスで市内を走り回り、日本語を見事に喋る現地ガイドが入替り立替わり街を案内してくれる。当たり前のことながら、「サンクト=ペテルブルグの街はネフスキー通りだけではないのだ」と冗談が口を突く。ホテルを出たバスは、東西南北、方向構わず走り回る。地図と首っ引きで走行経路を確認しようとすれば、車窓の観望が疎かになる。ガイドが叫ぶ観光対象を順に列挙すれば、ネヴァ川、スモーリヌイ聖堂、旧海軍省の建物、元老院広場、天候は雨模様だが未だ傘が要るほどではない。ピョートル大帝「青銅の騎士」像は降車して見る（写真6－8）。目の前のイサク大聖堂は午後訪ねるのだそうだ。中国人団体観光客の多いことに驚く。彼らはガイドの説明もあれそぞかし、自撮りカメラで騒ぎまくっている。どうしてあんなに大声なのか。

（写真6-8）元老院広場のピョートル像（サンクト・ペテルブルク）

再びバスに乗って、ネヴァ川の右岸に渡ると、ネヴァ川がここで二つに分かれて、フィンランド湾に注ぐことを知る。右（北側）の支川はマーラヤ・ネヴァ川、通称、小ネヴァ川と呼ばれる。確かにここから眺める対岸に並ぶ宮殿群の佇まいは伝統的建造物群と呼ぶにふさわしい。軒の高さは奇麗に揃い、ところどころに教会建築のドームや尖塔が頭を出す。今日では、建築の高さ規制にも随分意を払っているようだ。ペトロパブロフスク要塞を回って再び川を渡り、運河の横に建つ「血の上の救世主教会」は激しくなった雨の中、その全体像だけを瞥見して、芸

（写真6-9）「血の上の教会」（ロシア正教）

（写真6-10）エルミタージュ美術館（冬宮）

術広場前の土産物屋に至った。（写真6−9）

昼食後は、イサク大聖堂を見て、この旅の主目的のエルミタージュ美術館に向かった（写真6−10）。「エルミタージュ」とは隠れ家を意味する一般名詞なのだそうで、本来この美術館には正式な名称があるのかもしれないが、世界に「エルミタージュ美術館」で通っている。建物としては「冬宮」「小エルミタージュ」「旧エルミタージュ」「新エルミタージュ」の4棟があってそれらを2階で繋いで使っている。収蔵されている絵画は勿論、18世紀宮殿建築の内装を鑑賞する楽しさもある。印象派以降の絵画は、これらとは別に宮殿広場の向かいの旧参謀本部のビルに開設（2014年）された「新館」に集められている。

雨上がりの夕暮れに、バスの向かった先は、私の土地（地図）勘によればストレミヤンナヤ通りの「ケット」というジョージア料理の店であったはずだ。「ジョージア」とは米国の州名ではない。ソ連時代には「グルジア」と呼んだスターリンの故郷である。肉料理と赤ワインが有名と聞いたが、出たビーフストロガノフは意外に白っぽく、焦げ目の目立つ薄味であった。また、習慣で選んだ白ワインは美味くなかった。

ペテルゴフ…ピョートル大帝の離宮は船に乗って

旅の5日目、エカテリーナ宮殿観光と自由行動の予定が入れ替わった。宮殿内観光の団体割り当てが変更されたようで、この手の話は実に当局の一方的で、ソ連時代と変わらない。我々は自由行動もピョートル大帝の離宮庭園観光のオプションを選んでいたので、午前が西郊のペテルゴフ、昼は都心に戻って、午後は南郊のプーシキンと、サンクト＝ペテルブルグ大都市圏を股にかけて、バスで走り回ることになった。

ただし、朝は船でネヴァ川を下り、フィンランド湾に面したピョートル大帝の離宮庭園には船着場から上陸・入園する。小ネヴァ川の経路を通ったから、右岸に大きなドーム型の競技場や高層建築タワーなど新しいサンクト＝ペテルブルグの街づくりを見ることができる。このチカーロフスカヤ地区は建築規制が緩いのだそうだ。フィンランド湾に出ると、「この先の海上に浮かぶ島にクローンシュタットの町がある」との案内。しかし旅客はあまり関心を示さない。

（写真6-11）ピョートル大帝の離宮（ペテルゴフ）「下の庭園」

（写真6-12）ピョートル大帝の離宮の大噴水

それこそ、帝国時代・ソ連時代を通じたロシア海軍の拠点要塞。１１０年余の昔、バルチック艦隊はここを拠点に日本海にまで遠征したのだ。

ペテルゴフのピョートル大帝夏の宮殿は、宮殿自体も豪壮なものであるが、１５０以上の噴水を持った「下の庭園」が有名である（写真6－11）。宮殿もその前面の大噴水とともに青空に聳える様をよく写真で見かける。平坦部に造営された離宮に、幾多の噴水のための水を引く工作は並大抵ではなかったようで、技術屋としての素養もあった大帝は、自ら設計し現場工事を督励したという。18世紀初期の頃のことである（写真6－12）。夜は全噴水を止めており、早朝到着した我々は、「黄金の山の滝」と呼ばれる噴水の脇で、妙に人なれしたリスと遊びながら10時の通水開始を待つのであった。

ソ連の残像を探る

昼食後、バスが待っていたのはこの町の一番の主軸幹線通り「モスクワ大通り」の路上であった。その通りを一路南下、都心から中心市街地を抜け周辺市街地を走る。幅広い道路の真ん中を路面電車が走る。右手のやや新しい市街地再開発は地下鉄の駅前らしい。いかにも新市街地と思しき雰囲気の前方、左手にスターリン好みの中央に尖塔を持った権威主義的建築が見えた。しかし、そこに至る前の左手車窓に巨大な薄汚れた建物が現れた。前面に大きな広場があり市民を見下ろすように手を広げた銅像が立っている。今や懐かしいレーニンの立像で、後ろの建物は市庁舎だと聞いた。

バスの中で興奮してカメラを振り回している者は私だけ。考えてみると、ロシアに入ってソ連の残像を意識したことはほとんどなかった。この町が、かつて「レニングラード」と呼ばれていたことも、ガイドや旅行者の口の端にも上らなかったのではないか。あたかもロシア帝国の首都がそのまま続いていたように。しかし、それは寂しい話ではあるし、観光の視点としても公正ではない。70年余にわたるソ連時代の歴史の影響がこの町のどこかに影を落としていないわけがない。それが全くないとすれば、それを隠す背景が知りたくなる。少なくとも、我々は青春時代、レーニンの名を知らずに過ごすことはできなかった世代だ。それ故に、レーニンの銅像が元気にそそり立っているのを見つけたのは嬉しい。続いて勝利広場の「勝利の兵士群像」というのもあった。かのレニングラード攻防戦で、ナチス軍を撃退した記念碑である。

エカテリーナの夏の離宮、ツアールスコエ・セロー

バスは郊外に出て、丘陵性の平原地帯を南下すると〝贅《ぜい》を尽くした皇帝の村〟と謳われた「ツアールスコエ・セロー」に至る。この辺りは今はプーシキン市である。話は再び帝政時代の18世紀に戻り、かの女帝エカテリーナⅡ世の離宮が目的地である。２００３年の「琥珀の間」公開以来、世界的大人気のエカテリーナ宮殿（写真６－13）は、予約済みの団体旅行であっても、炎天下に並んで待たねばならない。個人の当日券客など、まさに長蛇の列、今日中に入れるかどうか。中国人の団体が脇から圧迫してくる。日本人は押されると一瞬身を引く癖がある。しかし、引いたら負けである。「横入り」を認めたことになり、その中国人団体の全員がぞろぞろと続いて先に入る。だから、日本人団体を案内するガイドは必死に、近くに屯《たむろ》する中国人団体の動向に気を配る。中国人とそのガイドを罵りながら。

（写真6-13）エカテリーナ宮殿（ツアールスコエ・セロー）

宮殿の中身は、「琥珀の間」を除けばエルミタージュ美術館の冬宮と大差ないように思われる。どの部屋も大混雑で身を置く隙間もない。ガイドが「今、部屋に〝山田さん〟が入ってきました。注意して」とイヤホーンを通して叫ぶ。「山田さん」とは、我々の間で決めた「掏《す》り」の符丁である。今度は中国人観光客を捕まえて、「あなた！　今、その琥珀の壁を触ったでしょう。駄目ですよ」と叱りつけている。ガイド仲間では、不埒な中国人には担当を越えて注意することを申し合わせているという。「彼らは、言わなきゃわからないのよ」と言うけれど、ロシア語では彼らも分からないだろう。どうも中国の観光団は義務付けられた「現地ガイド採用の原則」を守っていないのでは、と私は推測した。

（写真6-14）夕日を浴びて樹間に輝く宮殿の塔

ここは、宮殿より公園が佳い。空いていることもあるが、陽射しもやや和らぐ頃、湖畔の林間を散策するのは最高だ。樹間に覗《のぞ》く宮殿の金色のクーポラ（葱坊主）はこの離宮を象徴する輝きに思われる（写真6−14）。

陽も傾く頃、バスはモスコウスキー駅の前を通ってホテルに帰った。今夜の食事は各自自由行動となっている。

バレー鑑賞のグループは食事も食べずに、タクシーで劇場に向かった。我ら夫婦は、ホテル近くの寿司屋などを調べたが、尾久夫妻が見つけてきたラーメン屋さんに付き合うことにした。今、ヨーロッパを席巻中の日本のラーメン屋だという。

駆け抜けるモスクワ

なぜか空を飛ぶ、サンクト＝ペテルブルグ・モスクワ間

このツアーは、折角、ヘルシンキ・サンクト＝ペテルブルグ間で鉄道を使ったのに、サンクト＝ペテルブルグ・モスクワ間は航空路を使うという。残念なことである。この区間には新幹線とも呼ぶべき「サプサン高速列車」が日に15本も運行されている。所要時間は3時間半。ホテルをゆっくり8：00に出れば、すぐ近くのモスコウスキー駅を9：00発のサプサン757列車に乗って、12：58にはモスクワ都心部のオクチャブスカヤ（レニングラードスキー）駅に到着する。この「Ｓａｐｓａｎ（サプサン）」という名がどういう意味かは知らないが、11年前には「ネフスキー特急」と呼んでいたこの列車に乗った。数両のコーチ車（2等車）の他は全て6人席のコンパートメントで、手荷物の置場さえ外に確保できれば、大変快適な特急列車であった。食堂車も付いていた。車窓に飛び去る風景を楽しみながら食事をとるのも列車の旅の醍醐味だ。

当時は、最高時速２８０km／h、4時間半かけて走っていたが、11年の間に随分速くなったものだ。それに本数が格段に増えて、L特急になっている。

今回はこの間を飛行機で行く。飛行の所要時間こそ2時間であるが、バスはホテルを7：30に出た。５：30起床、朝食は６：40で、まったく食欲がない。それでも、昼食は機内の軽食のみということなので、パンとゆで卵を包んで持った。８：30頃プールコヴァ空港について、9：25に搭乗した。モスクワのドモジェドヴォ空港に着いたのは11：30、旅客ターミナル前の駐車場で迎えのバスを30分程待ったから、40kmほど北のモスクワ都心に向けてバスが走り出したのが12時ごろ。クレムリン到着は13：30〜14：00ということであった。すなわち、サプサン高速列車で往けば、朝はゆっくり食事ができて、少なくとも同じ頃、クレムリンに着けたことになる。

モスクワ都市視察

ドモジェドヴォ空港から走り出たバスは、丘陵地を北西に走り、間もなく都心から東南に伸びる放射状道路の一つ（街道名のない路線だ）に合流する。一番外側の「大環状道路」と交差すると、両側の車窓のところどころに団地型の市街地が展開する。日本人現地ガイドの「道路側に画一的な壁面を晒している高層住宅はソ連時代の建築で、少しカラフルな中庭を持った高層、または超高層建築が民主主義ロシアになってから開発された」とする説明は、分かりやすく説得的である。それだけで、この30年のモスクワ市民の暮らしぶりの変化が分かったような気になる。ソ連時代、郊外のダーチャ（農園付き別荘）が普及したのは、庶民に都心居住の過密から脱出の機会を与えようとしたのではなく、都市の食糧難の克服のために、庶民に自給自足を要求したのだ、という解釈も、「目から鱗…」的に面白かった。これからは、リゾート地域開発論で、気安く「ロシアのダーチャを見習え」などと言わないでおこう。この間30分程、車中は皆昼寝の趣で、ガイドに耳を傾けるのは私だけ。ついにガイド氏も説明の意気をそがれそうになる。私は必死に首を上下に頷き、話の先を促すのであった。

（写真6-15）モスクワ「3環」の脇の不気味な高層建築

　道路に沿ってトラムが見える。路面電車ではなく、道路に並行した専用軌道を走っている。いまや世界中の都市でLRT（軽快電車）と呼ばれる綺麗な市街電車が走っているが、ここでは新式に交じって古い電車も活躍している。「第3環状道路」を潜る頃には、電車の姿は右に離れ、高架道路の内側は、びっしりと高密度の市街地が詰まり、交通も渋滞が目立つ。道路に沿って物凄い建物が城壁のように建っている（写真6−15）。3階までの商業等施設の上に10階分ぐらいの住宅が乗っかっているのだが、小さな窓には鉢植えや干し物が陳列されており、上の3階はオーバーハングではみ出している。威圧感があって、はっきり言って〝汚い〟。

駆け足のモスクワ観光

「サドーヴァヤ環状道路」を交差して都心に近づくと、逆に高い建物が見えなくなる。伝統的市街地を大切にした建築規制地区に入ったようだ。バスが走る道路は、狭いながらも歩道が整備されており、一目で外国人と分かる観光客が三々五々散策している。小路には歩行者天国もあって、白壁の建物や教会らしき建物が並ぶ。通りを往きかう人々の頭上に白い綿毛のようなものが流れてくる。モスクワ名物のポプラの綿毛である。バスはモスクワ川に架かった橋を渡り、正面に「赤の広場」が見えた。クレムリンとその東の都心地区一帯を囲繞《いにょう》する内環状道路の「並木通り」は、この南側では影が薄くなっており気が付かなかった。

クレムリンの赤壁に沿って、モスクワ川の左（北）岸道路を走り、ボロヴィツカヤ広場から国立図書館前を通って、クレムリン入り口に着いたのは13：45であった。クレムリンとは「赤の広場」の南西に広がる赤いレンガの城壁に囲われた三角形の城塞跡。今は、大統領府（旧元老院）と帝政時代の歴史遺跡、クレムリン宮殿と博物館群が共存する、ロシアきっての観光拠点である。しかし、個人旅行（ＦＩＴ）で来ても団体旅行でもクレムリン観光は変わらない。大統領府を遠望し、「大砲の皇帝」と「鐘の皇帝」を間近に眺め、幾つかの教会、聖堂を巡る。「イワン大帝の鐘楼」は大抵は外から眺めるだけだ。ここにも、帝政ロシアと民主ロシアが共存しているが、ソ連の存在感は今やない。武器庫とダイヤモンド庫は、ガイドの機転で短時間に十分鑑賞できた。しかし、今年の夏は暑くなりそうで2時間半で、ペットボトルの水出しのお茶は空になった。ここでもポプラの綿毛が牡丹雪のように降り注ぐ。喉の弱い人たちは、ハンカチで口を覆っている。

16：15、クレムリン前に迎えのバスが来た。しかし、私たち夫婦はバスに乗らない。バスの腹から私たちのトランクだけを出して貰い、ガイド氏が手配してくれたタクシーを待つ。ここでパックツアーを離団するのだ。モスクワのタクシーは白タクが多い。合法であるが料金は相対交渉で決めねばならない。現地在住のガイド氏はケータイで交渉して、ベラルースキー駅まで１０００Ｐ（ルーブル）と決めてくれた。所定のタクシーが来た。夫婦でもう一度バス車内に入って、一行の皆さんにお別れの挨拶をする。「お気をつけて」と言ってくれる人、「え！列車でパリ。羨ましい」と言う人、はたまたキョトンと狐につままれたような表情の人。あっという間のお別れであった。タクシーはベラルースキー駅前の立体交差を大きく迂回して、20分ほどで駅に着いた。パリ行きの発車時刻は18：14、未だ1時間以上の余裕がある。

殺風景なヨーロッパへの旅立ち

ロシアの鉄道も駅に何の案内もない（写真6-16）。大きく豪壮な駅舎を構えていても、改札口も待合室もない。構内アナウンスもない。頭端型のホームの根元に可変式出発時刻標示板が立っているが、駅は近郊電車のターミナルを兼ねているので発車列車が多く、1時間以上も後の列車は国際列車といえども未だ掲出されていない。したがって、我が「TEE」号の入線するホームも分からない。大きな手荷物を持った国際旅客も、ホームの端で立ち話をするか、ベンチを他人とシェアして黙々と青天井の下で過ごすことになる。我々はまともな昼食も摂っていないことを思い、キオスクに空席を見つけ、大きなトランクを足元に押し込んで、パンケーキとコーヒーを飲んだ。パンを口にくわえてホームの可変時刻板を見に行くと、「TEE」の発車番線は5番線、入線時刻は17：20頃とある。未だ10分程ある。

（写真6-16）青天井のベラルースキー駅構内（モスクワ）

17：20過ぎ、10余両編成の列車が機関車に押されて静々と入って来る。車体は薄鼠色と濃鼠色のツートンの地に赤いベルトをあしらった、今時にしては地味な外装である。頭端型ホームの入線はとても慎重に行われるので、傍で見ていると何時停止したのか分からない。デッキのドアが開いてタラップが出、列車の外装と同じ色合いの制服の女性車掌が二人づつ立ち、踏み台をセットした。しかし、この列車が本当にパリ行き23列車「ＴＥＥ」であるかを確かめる必要がある。車輛の腹に懸けられた掲示板（「サイドボード（サボ）」と呼ぶ）を見ると、確かに「モスクワ・パリ欧州横断急行」と表示してあった。

次は、自分たちの搭乗車輛を探さなければならない。これは迂闊にトランクを曳いて歩き出してはいけない。10両以上の列車の場合、トランクを曳いて往って戻ることになったら相当の無駄。「つれあい」に2個のトランクを託して、空身でデッキ脇の車輛番号を確認して回る。我々のお召し車両は２５０号車である。14両編成の最後尾すなわち、駅舎に一番近いところが作業車、次いで番号のない車輛が2両あって、その一つが食堂車であることは窓から見て取れる。次に25号車というのがあって、続いて２５１、２５２…と並んでいる。２５０号車が見つからない。２５６まで確認したところで戻ってきて、「25号車が個室寝台のようだから、２５０のことなのだろう」とつれあいに言った。各自トランクを曳いて25号車の前に、チケット（乗車券）とパスポートを持って並んだ。駅舎に改札がないのだから、このデッキ下で各車の車掌がこれらをチェックするのだ。前に日本人の若いカップルがいる。この個室寝台はチケットには「特別室」と書いてある。新婚旅行にこの「ＴＥＥ」を使うなんぞ、新郎か新婦かそれとも二人とも相当の鉄道マニア、と親近感がわく。

私のチケットを見た車掌は、即座に「あなたが乗るのはこの車両ではない。２５０号は一番先頭にある」と言った。どうして、２５１、２５２…２５９と並んだ先に２５０があるのだ！。それは算数の法則に反するだろう。罵りながらトランクを引っ張って、２００ｍ近くのホーム上を急ぎ足で行く。もちろん未だ時間は十分あるのだが、自分の失敗の苛立ちに、勢い足が速くなる。

延々と欧州平原を往く「モスクワ・パリ欧州横断急行（ＴＥＥ）」

デッキで改札

２５０号車の車掌も、中年と言うより老年に近い太った女性と、中年の背の高い女性の二人。愛想好く我々を受け入れてくれ、高いデッキにトランクを持ち上げるのを手伝ってくれた。「なぜ、私を手伝う。つれあいの方を頼むよ」と不思議に思う。デッキ下では車輛と室番号の確認だけで、「後で部屋の方に伺います」と言って、チケットのみならずパスポートも預かられてしまった。私たちの室は、ベッドナンバーで11と15。250号車には特別室の個室が4室あって、前方3分の1程がバー・ラウンジになっている。そのラウンジの隣、一番前の室が私たちの指定で、続く中の2室は空室であった。この列車には特別車の個室寝台が2両ついていて、それが後尾と先頭に別れている。訳が分からない。

太った車掌が室に来て、全く訥々とした英語で、「パスポートを拝見した。ベラルーシの通過ビザは取ってあるが、その先のヨーロッパ（EU）のビザがない。これで大丈夫ポーランドに入れるのか。あなたたちは日本人だろう。日本人客に対応した経験が、私はないのだ」と心配顔。私が「ヨーロッパには度々来ているが、ビザを取ったことはない」と答えると、「前に、中国人の旅行客がビザがなくて、ポーランド入国を拒否されたことがある。シェンゲン協定を知っているか？　あなたたち日本人はアメリカ人と同じなのか」と聞いてくる。癪に障る言い草だが、話の意味は分かった。「そうだ、日本はシェンゲン協定の仲間ではないが、アメリカと同様、締約国並みにビザなし入国ができるのだ」と答えたら、ようやく安心した面持ちで、「なにせ日本人は初めてで」とぼやきつつ去っていった。しかし、これだけの込み入った話を纏め終えたことに我ながら感心する。まったくロシアの個人旅（FIT）は骨が折れる。そういえば、今回の旅行前に自動通訳機を購入し、持ってきていることを思い出した。早速、取り出してみよう。

サモワールの消えたロシア鉄道

特別車室の内部はと見るに、まずその広さが目に付く。車窓を正面にして左に幅広の長さ2mもあるソファ。このソファは引き出すと、優にセミダブルのベッドになる。上段のベッドは、今は左の壁に折り畳んで格納されている。窓の下には60㎝角ぐらいのテーブルがあって、花が活けてある。その右に一人掛けのソファ（写真6‐17）。その背の仕切り壁の中ほどには扉があって、その向こう側は車室と同じ位の広さのトイレ・シャワー室だ。トイレなのに大きなガラス窓があって、便房というより明るい洗面所である。窓下には多様に使える棚があって、その仕切り壁側は洗面台、壁には大きな鏡が張ってある。便器は洗面所に配慮して、やや斜めに配置されており、奥は窓際の棚に近いから棚は用便中の読書置きに好都合（写真6‐18）。もちろん、列車が都市部通過中のトイレ使用時には窓にカーテンを下すことになる。便器の右にはガラスの壁があって、独立したシャワールームだ。

（写真6-17）欧州横断急行（TEE）特別車室の内部

（写真6-18）特別車室のトイレ内部（右手に個室シャワー室も）

どうも車両自体の製作年は新しいようで、マホガニーや樫材のような重厚な木調ではないが、明るく清潔感があって気持ちがよい。しかし、床に張られた絨毯が邪魔して、トランクはベッドの下に格納できない。一つは一人掛けソファの下に、もう一つは入り口の横のベッドの脇に立てた。それでも、ベッドは二人並んで座っても余裕がある。

もう一つ、車室の外に調べておきたいものがあった。ロシアの鉄道の名物は、常に通路の端のデッキ近くに配置される湯沸かし器「サモワール」である。乗客誰にでも常に熱湯が供給される。8泊9日のシベリア鉄道をカップラーメンで乗り切るには、必須かつ誰からも愛用される装置である。機関車が電気で動くようになっても、厳冬のシベリアでの停電事故に備えて、サモワールの熱源は石炭を燃すものと決まっていた。しかし、この車両にはそれが見当たらない。車室の端に並ぶ乗務員室を覗《のぞ》くと、卓上に小ぶりではあるが伝統的形状の金色のサモワールが座っていた。「そのサモワールは私も使えるのか」と尋ねると、「何時でも言って下さい。お湯でも、お茶でも車室までお届けします」との返事だった。そう、私は今回、特別室の乗客であった。

伝統的な装いのサモワールの方も、どうやら電熱式の瞬間湯沸かし器に革新されているようだ。興奮して車室を探索調査しているうちに、発車のベルもアナウンスもなく、見送りのホームの喧騒もなく、列車は静かに動き出していた。確かにチケットには18：14発車と記してある。しかし、私の持つトーマスクックの時刻表2019版（もっとも冬号ではあるが）には18：43となっているのだ。乗務員室の前の通路に、この列車の運行時刻表が掲示してあったので、キリル文字をそのままメモしてきた。ブレスト停車時刻が長くなっていて、ポーランド国境以後の時刻に変更はない。パリには明後日の朝、9：40着である。

そうこうするうちに車窓は市街地を抜けて、もう郊外の様相を呈する。始発駅のベラルースキー駅は都心から北西に伸びる「レニングラード街道」に面していて、「サドーヴァヤ環状道路」と「第3環状道路」の中間にあるから、十分中心市街地と言える。そこから線路は市街地の西を迂回して、モスクワの西南西に抜けてきたのである。乱雑な木柵に囲われた菜園付き戸建ての住宅が密集している。未だ別荘がある地域とは思えないが、先ほどのガイドの説明を思い出すと、案外これが「ダーチャ」の〝成れの果〟かも知れない。

19：30、そろそろ夕食の時間だ。車窓が明るいうちに日没を楽しみながらの食事も良いだろう。食堂に行くことにする。食堂車は11両後ろにある。いちいち連結部の貫通扉を押し開いて行く。これが物凄く重い。私が人力で押し開き、後のつれあいは慣性で閉まる扉を抑えるだけなのだが、それでも「重い。手が痛い」と悲鳴を上げる。通過する車両は最後の1両を除いて皆同じ、3段ベッド向かい合せのコンパートメントが並んでいる。これは6人で全ベッドを使うと「2等寝台」、中段を畳んで4人で使えば「1等寝台」となることが、後で知れた。車両の端に、トイレ・洗面所とシャワー室がある。食堂車の手前の車輌が件《くだん》の「25号車」で特別室は4室とも満室のようであった。

往年の豪華食堂車の夢は消えて

食堂車は、かつての記憶に残る豪華に飾り立てた荘重な木調の内装ではなかった。半分が4人掛け食卓が配された食堂部分、真ん中に厨房とカウンターがあって、その向こうにビュッフェがある。食卓は赤いデコラを張った広いもので、窓側に古風な銀細工の角行灯が置いてある。未だ灯は入っていない。ここでもおばちゃんウェイトレスがメニューを持ってきた。「まずはロシアビール1本とグラス二つ」と言って、メニューを研究する。二人で考えた末、私は「グリル・サーモン」、つれあいは「豚ステーキ」の一品料理を注文する。かつて、ロシア通の同僚は盛んに「付け合わせ」を気にしていたことを思い出したが、これで結構ポテトや野菜が載ってくるものだ。ビールは「バルチスキー」の500㎖缶が来た。なんとなく瓶ビールを予想していたから軽い失望を味わった。

隣の席で賑やかに宴会気分の客もいて、料理はなかなか出てこない。斜め向かいの席に一人でいる憂い顔の女性は、酒を飲んだだけで席を立った。3、40分もしてビールがなくなる頃、料理が来た。随分待たされたから結構美味しかったが、つれあいはそう言わなかった。車窓は森林が続き、樹間に夕日がさす。21：01到着予定のヴィヤズマが近づいたようだ。停車時間は28分もあるので、重い貫通扉を避けてホームを歩いて車室に帰ることを思いついた。カウンターで支払いをしていると、車窓にもうホームの影が走った。

夕方の駅の佇まいはとても好い。島式ホームに長い列車が鼠色に赤の車体を横たえており、そのデッキ口に同じ色合いの制服の女性車掌が二人ずつ所在なげに立ち尽くす。向こうの駅舎のあるホームでは、ローカル列車で帰宅する誰を待つのか、子連れの若い夫婦が憩っていた。写真を撮ると小さな子がお姉ちゃんの向こうに隠れた。隣では女性が3人立ち話をしている。つれあいは急ぎ足で列車の後尾から機関車の後ろまで歩き通し、車掌の手を借りて高いデッキを登った。発車までまだ時間は十分ある。

ヴィアズマを出ると21：30、さすがに車窓には夜の帳が降りる。今日1日は慌ただしかったから少々疲れた。スモレンスクの駅を見たい気もするが、23時過ぎまで起きている自信がない。下のベッドを取ったつれあいが「もう眠い」とベッドを拡げたから、私の座る一人掛けソファは足の置場がなくなった。私もゆっくり歯を磨きシャワーを浴びて、上段ベッドに上がることにした。シャワー室は十分広さがあり湯量も制限なく快適であるが、湯温調節のダイアルの動きが悪く、一生懸命回していたらダイアルが外れてしまった。もはや寝息を立てているつれあいを起こして、その旨を伝えた。後でシャワーを使うと言っていたが、誤って火傷をするといけない。未だ22時を過ぎたところである。頭脇の読書灯の調子は良い。列車の柔らかな揺れを楽しみつつ、持参の文庫本を読む。何時まで読書が続いたのかは記憶にない。ただ、ロングレールの普及は「トトトトトーン、トトトトトーン」という快い眠気を誘う走行音を奪ってしまったなと感じたことは覚えている。

国境ブレストで注目の軌間変更

鉄道マニアにとって、この路線最大の関心事は、ロシア（正確にはベラルーシ）・ポーランド国境での列車の軌間変更である。軌間（ゲージ）とは、両車輪の間の、したがって2本のレールの内側間の距離のことである。ロシア、ベラルーシの鉄道は広軌といって1520㎜を採用している。ところがポーランド以西は標準軌（日本では新幹線などが採用）の1435㎜である。したがって、両者を渡るベラルーシ・ポーランド国境では、通し運行をするために列車の台車の方の軌間を変更しなければならない。それを、ベラルーシ側の国境駅ブレストで、車両に旅客を乗せたまま行うのである。そのために、ブレストでは約3時間もの停車時間が用意されている。

ブレスト到着予定は6：42。それまでに朝食を済ませねばならないからと、朝食は6：15に予定されている。定刻に隣のラウンジに行くと、もう大きな皿の料理が、小さなテーブルに所狭しと並んでいた。イクラ（レッドキャビアと呼んでいた）載せのパンケーキにフルーツ・サラダ、それに私はヨーグルトの温スープ、つれあいはチーズとクルミの盛り合わせ（パン付き）が付いている（写真6－19）。隣のテーブルには、相客の若い女性二人連れの姿を初めて見た。背の高い車掌と親しげに話している。卓上の食事は我々のより簡素に見えたから、車掌の縁故乗客かもしれない。車窓は、疎林と草地の連続。こんな素敵な環境で、こんな豪勢な朝食ができるのなら、車掌の勧告に従ってもっと早く起きればよかった。しかし6時でも私には十分早く、食欲はイマイチなのであった。

（写真6-19）ロシア鉄道の朝食

定刻にブレストに着いた。3時間も停まるのだから、ホームどころか駅前の街も見られるかも知れない。ともかく列車を降りようとデッキに向かうと、おばちゃん車掌に阻止された。降車客以外の降車は禁止だという。それどころか出国審査のためにと、パスポートも預けさせられてしまった。これで、駅前の街を覗き見るなどもっての外だ。後尾の食堂車等を切り離したのだろう、列車は小さな振動とともに動き出し、駅構内の外れまで行って引き返し、検車庫の中に入って停まった。大きな三角屋根に覆われた木造の建物で、左右にたくさんの線路が敷かれている。

(写真6-20) 連結解除作業中 (国境ブレスト駅で軌間変更)

軌間変更作業

いよいよ軌間変更作業の開始である。大人しく室に閉じ込められている訳にはいかない。カメラを持ってデッキに行くと、車輌は個々に連結が解除されていて、作業員が車輌の下に潜り込んで作業を行っている。あわててその様を写真に撮ったが、アングルが良くない(写真6-20)。下に降りる必要を感じてデッキのドアを開けると、おばちゃん車掌が飛んできて、身を挺して阻止する。「駄目だ。危険だ」とでも叫んだのだろう。私の腕を掴んで引き戻し、通路に押し戻してデッキに鍵をかけてしまった。室に戻ると、つれあいが「トイレが使えない。電気が停まってる」と言う。

「確かにそれはありうる。車輌を縦に繋ぐケーブルは切離されたし、作業員の頭の上でトイレを使うのは駄目だろう」と頷くと、「食事の後にそれはない。それなら早く言ってよ」と深刻な顔。問題はそれが何時まで続くかだ。まさか発車まで3時間ずーっと、ということはなかろう。

　仕方なく車室に座って窓辺から隣の線路を見ると、線路は4線形式（広軌と標準軌の4本のレールが敷いてある）になっていて、線路の脇に門型（上の梁がないから「対柱型」とでもいうか）クレーンの柱が並んでいる。そこに、客車が押されて入ってきて、ゆっくりと高さは1mを越えるほどに持ち上げられた。窓から乗客が載ったままであることが見える。車体の下には、2軸4輪の台車（ボギー台車）が残されている。バッテリーカーがその広軌の台車を引きずり出して標準軌の台車を押し込む。カ

（写真6-21）門型クレーンで車輌を吊り上げ、台車を引き抜く（軌間変更作業）

メラと額をガラス窓に押し付けて写真を撮る。動画の取り方を覚えていなかったのが残念である（写真6-21）。

しかし、冷静に戻って考えてみると、自分の載った車両は持ち上げられた覚えがない。あんなに1m以上も挙がれば気が付かないはずがなかろう。旅行に発つ前、この「モスクワ・パリ欧州横断急行（TEE）」をインターネットで調べたことがある。かつては毎日運行されていたが、「2016年、露独国際列車にフリーゲージトレーンが導入された際に、TEEが週2往復に減便された」という記事があった。軌間変更の技術は日々革新されているのである。この車輛製造年が比較的新しいように見えることからも、連結解除した車両をあまり持ち上げないで改軌できる技術が開発されたのかもしれない。自分たちの乗っている列車自らを見ることができないのが焦れったい。

一連の作業を観察し終わり、改めて席に落ち着くと、腹の調子がおかしい。つれあいが「電気は回復したよ。トイレも使えるみたい」と言うのを確認して、トイレに飛び込み窓のカーテンをしっかり閉めた。どうも私は「生クリーム」に弱い。そうすると、今日の朝食の「ヨーグルトのスープ」というのも生クリームが入っていたか。明日の朝まで終日、快適なトイレ付の個室に寝そべっていてもよいという環境が、妙に好都合のように思えてくるから不思議である。

間もなく列車は動き出して、また戻り、今度は国境側のホームに着いた。時計は未だ9時過ぎ。発車時刻は10：13だから1時間も時間がある。今度はホームに降りることができるようだ。パスポートも車掌が返してくれた。しかし、ホームには乗降客の姿はなく、乗客が散策するのみで、いたって寂しい。遠くにスターリン好みの白亜の駅舎が見えた。写真を撮って、ホームの先端に行き、機関車の写真も撮ろうと思った。ところが、機関車の脇に、制服に身を固め、機銃を持った二人の男女官憲（たぶん、兵士）が警戒立哨していて、「この線を越えて、先へ行ってはいけない」とジェスチャーで示す。「なに、機関車の前面写真を撮るだけですから」と進もうとすると、女性兵士が私に体当たりして阻止し、「駅では写真撮影も禁止だ」と喚いて押し戻す。ポーランドとの国境駅といっても、ここはまだベラルーシの国内であった。ロシアの日本人ガイドが、「民主ロシアになったと言っても、官憲の多くは、そして末端でこそより強く、未だソ連時代の統制主義が残っている。規則がなくなっても禁止規制は残るのです」と言っていたのが思い出された。ましてや、ベラルーシはロシアの縁辺を形成する属国的国家である。それは、あのスターリン主義の威厳を誇る駅舎建築が象徴的に示している。時間に余裕があっても駅前の街を見に行く気も失せて、車室に戻るのであった。9：43、列車はロシアに未練もなく定時に発車した。

欧州横断急行（TEE）の本分を味わう

一日に二度の朝食が出るワケ

ポーランド側の国境駅はテレスポールである。国境はどこか、あの小川か、いやあの柵か、と車窓から眺めるうちに、15分ほどで駅に着いた。時計をヨーロッパ標準時に針を1時間戻して合わせる（9：01）。男性の、続いて女性の入国検査官が乗ってきて車室を巡回する。至極和やかにパスポートをチェックし入国スタンプを押してくれるので、さすがEUと思っていると、女性の検査官が突然つれあいのトランクを指さして「開けなさい」と言う。つれあいは不承不承に鍵を出して、トランクをパクリと開く。一応きれいに整頓されており、両面に覆いが懸けてある。覆いを外そうとするとそれを抑え、隙間に指を差し込みつつ、「OK、仕舞って下さい」と言って、もう立ち上がっている。まったくジェスチャーだけと私には見えるのだが、つれあいは不平顔で「ポーランドが嫌いになった」と言っている。9：46、定刻に列車は動き出した。

「ポーランド」とは〝平原の国〟という意味だそうだ。その名の通り、両側の車窓に平原が広がる。農地というより牧草地、まさに「平原」である（写真6-22）。列車速度は相当なものだが、のんびりとした雰囲気が車内に漂う。新しい食堂車の年寄りボーイが回ってきて、「新しい食堂車はワルシャワから連結されるが、その後に朝食を提供する。食堂車でもよいし、この車室まで私が運んできてもよい。明日の終着前の朝食とともに今、注文を取る。いずれも特別室客は無料である」と、ドイツ語を交えた言葉で言う。先程から腹が気になるので、室に持ってきて貰うことにし、私は、今日はオムレツ、明日はスクランブルエッグを注文した。ドリンクとしてリンゴジュースが重要である。チケットに添付の説明書には料金は〝朝食込み〟とあって、夕食は食堂で別代金として2日目の昼食はどうなるのかと思っていたが、これで謎が解けた。2日目は朝食がロシア鉄道とフランス鉄道の二度あるのだ。ただし、二度目の朝食はワルシャワを出てからだから13時（ロシア時間では14時）過ぎになる。

（写真6-22）ポーランドの車窓

ワルシャワ東駅には11：50に着いた。自由な国の晴天を満喫すべくホームに降りた。ここは自由に写真がとれる。進行方向の正面に都心の摩天楼群が見える。晴れて機関車の写真も撮ったが、それは実はここで退役となるポーランド鉄道（PKP）の機関車であった。ボディに〝Pld〟とキリル文字のロゴを記した11両の客車は、終着パリまで走る。13：01、後部に機関車と食堂車を連結し、それが先頭になって逆向きに発車した。都心を右（北）に迂回するルートを採るらしい。我々の250号車は最後尾になった。

今日二度目の朝食（昼食）はワルシャワ東駅を出る前に発泡スチロールの器に入った弁当の形で車室に届いた。「あのお爺さんボーイも、たくさんの扉を開けるのが大変だから、ホームを歩いて来たのだな」とつれあいが呟いた。香ばしいオムレツとクロワッサン、リンゴジュース。車窓に市街地の趣はとうに消え、相変わらずの平原風景。時々、遠くに風力発電の風車が見える（写真6－23）。

（写真6-23）ポーランドの車窓

北上して南下する「平原の国」の横断鉄道

列車は一体どこを走っているのか。今は午後、左の車窓から陽が差すから、北ないし北西に向かっていることは分かる。しかし、一路西に向かいたい「欧州横断急行」にしては回り道だ。時々、駅を通過するが、列車速度が速いのと、駅名のスペルが複雑で判読できない。もっとも手持ちの地図はポーランド全図がB４判程度のもので、小さな町の名は分からない。時計の秒針と車窓を飛び去るキロポスト（里程標）の数を必死になって照合し、列車の速度は１３８km

／hと算出した。線路が直線になるとさらに速くなって150km／hに達する。

終日走り続ける列車の旅は、列車内を歩き回らない限り、本当にやることがない。夫婦の会話も、それ程種があるわけでもない。持参の本に目を通せば、いつの間にか居眠りから昼寝に移行する。気候は昼寝に好適。長い座席（ソファ）は、一人が寝そべっても他の一人が車窓を眺める余地が十分にある。結局、自然に交互に昼寝をした。季節は冬ではないが「ひねもすのたりのたりかな」というやつである。

Itawa Gtownaという時刻表にない寂しい駅に列車が30分も停まり、15：13、逆行して西南行を開始した。その直後に、複線の鉄道幹線を高架で渡って、Itawaの駅に停まった。察するに、これがこの町の中央駅で、先ほどの「Gtowna」というのは「折り返し駅」か「ジャンクション」ほどの意味であるか。まもなくヴィスワ川を渡りTurunという地図に見える町の駅に停まった（16：15）。ようやくルートが理解できた。ポーランドの首都ワルシャワと主要工業都市グダニスクを結ぶ幹線を、その3分の2程走ってきたのだ。そして、Itawaで折り返してポズナニまで南西に向かって走る。ポズナニからは一路西に向かう。今はまだ西日が、右に変わった車窓から厳しく差している。

ポズナニは17：29、定刻。ルツエピンは1分遅れで発車し、国境の街、フランクフルト・アム・オーデルには19：24に着いた。オーデル川沿いのフランクフルトで、ライン川の方のフランクフルト（アム・マイン）とは大いに違う。1945年4月、ソヴィエト赤軍がナチス・ドイツ軍と最後の大会戦を戦ったことで有名なオーデル川である。今はポーランドとドイツの国境として定着し、国境らしきものは何もない。

夕食は、昼の残りのオムレツとクロワッサンに、持参の味噌汁の素をグラスの熱湯に溶いて作った味噌汁で済ませた。健康な胃腸を持つつれあいには申し訳ないが、元気のない私に付き合って終日車室内でゴロゴロしていたから、彼女もあまり食欲がないと言う。それに、11の貫通扉を押し開けて食堂車に行くのも億劫《おっくう》らしい。もっとも食堂車は昨夜のそれではない。ポーランドかフランスの鉄道の食堂車に変わっているはずだ。しかし、私も敢えて見に行く気力に欠ける。お湯は、車掌室までつれあいが頼みに行った。自動通訳機を取り出して、「お湯を下さい」と吹き込み、ロシア語のアイコンを押すと、ロシア語の音声が出る。車掌室の手前の通路でテストをしたら、車掌は早くも聞きつけて、車掌室に顔を出した時はもうサモワールにスイッチが入っていたそうだ。背の高い車掌が、二つの銀製ホルダーにはいった熱湯のグラスをおっかなびっくり運んでくれた。

ベルリン中央駅は通らず

暮色のようやく深まる中、列車は樹林の中を走る。ドイツに入って広大な農地の景色が見えなくなった。改めて農業大国ポーランドを思う。30分も走って樹林が消えると、農園の中に小屋を建てた郊外型市民農園「クラインガルテン」が見え始める。ロシアのダーチャより建物は貧弱だが耕作地は整っている。そして、郊外住宅地が並ぶようになると、ベルリン大都市圏の市街地の始まりである。近郊電車が並行して走り、地下鉄の大きな車庫が見えると、20：48、列車はベルリン・リヒテンベルグ駅に滑り込んだ。

ベルリンの国際列車の東口に当たる駅だ。時間に正確なはずのドイツなのに、5分の延着であった。この駅には24分の停車予定になっている。かつては東ドイツから東側諸国に向かう上級列車のターミナルだったことは分かるが、ドイツ合邦が成って２００６年5月大工事の結果、新しいベルリン中央駅が開業した今、なぜこんなに長く停まる必要があるのか分からない（しかも7分遅れて発車した）。

実際、運行時刻表では次は中央駅に、わずか4分ではあるが停まることになっている。ところが、発車数分後に列車はベルリン東駅に一瞬停車した。東独時代の一時期、「中央駅」の名称を戴いてはいたが、断じて今日の「中央駅」ではない。中央駅は東西に高架線、南北に地下線が交差する大規模な多層構造の駅で、私は12年前に何度も乗降したことがある。第一、中央駅を通る線路は東駅を通らないはずだ。再び動き出した車窓にしがみついて、記憶にあるベルリンの街並みを探す。町はようやく暮れ始めている。つれあいが「何を、そんなに必死に」と笑うが、時刻表にない線路を走る列車に乗せられては、時刻表（筋）マニアとしては放っておけない。とうとう22時、中央駅到着予定時刻を1時間も過ぎた。とっぷりと暮れた車窓に、沿線の情景は周辺市街地の様相を呈し始めている。信じられないことだが、我が「欧州横断急行」は東駅から環状線を北に迂回して中央駅の停車を飛ばしてしまったようである。臨時の経路で運行するというアナウンスも挨拶も一切なかった。もっとも、おばちゃん車掌は厳密には「乗客係」というべきで、尋ねても、ベルリン中央駅に停まらなかったことすら気が付いていないかもしれない。中央駅の乗降客はいなかったのだろうか。

狐につままれたような気持でシャワーを浴び、歯を磨いた覚えもなくベッドに入った。終日ノタリノタリでも、大した食い物も腹に入れていないから、疲れだけは一人前。つれあいと私とどちらが先に寝入ったか、私は知らない。

突然ルートを変更する独仏国境

翌早朝6時に目が覚めた。列車は随分長い間停まっているようだ。運行時刻表に依れば5：17にストラスブールを出た後、フランス国内に停車予定はない。ベッドを抜け出して、顔も洗わず通路に出て驚いた。車窓を通して目の前にホームがあって駅名標識が「ザールブルッケン」と読める。未だ国境ではないか。ホームの向こうに停まっている対向列車は、サボから「トリアー経由コブレンツ行き」と読める。ドイツの通勤列車だ。なんとしたことか。この列車はまた予定にない路線を走っている。フランクフルト・アム・マイン（01：46発の予定）までは来たのだろう。それからカールスルーエ、ストラスブールの経路を往かず、ライン川を随分下流で渡るルートを採ってきたことになる。思わず車掌室に顔を出して、「この列車どうなってるんだ。ここはどこだ。未だ独仏国境ではないか。パリには何時着くのだ」と、ブロークンな英語でまくしたてる。自動通訳機を取り出している暇はない。車掌は驚いて、「大丈夫、今からパリに向かう。ちょっと遅れることになる。5分ほどね」と、しどろもどろ。彼女は、何でも「5分待って」だ。

そこには、事情は分からないが、保線のジャケットを着た鉄道員らしい男が立ち会っていて、ドイツ語で「昨夜、ライン川上流方面に線路障害が発生したため、運行経路を変更した。これからは順調に走ると思うが、パリ終着は大分、ひょっとすると2時間ぐらい遅れることになる。」と説明してくれた。直ちに事態を諒解した。そのことを示すために「では、終着駅はパリ北駅になるのか。それとも予定通り東駅か」と尋ねた。「もちろん東駅に着ける」が回答だった。本当はそんなことはどちらでもよかったのだ。両駅はすぐ近くだし、駅からホテルへはタクシーで行くことにしている。欧州鉄道のことなら良く分かっていることを誇示したかっただけである。車室に戻って、びっくりして起き出していたつれあいに説明した。考えてみれば、ドイツ語のあの説明がよく理解できたものだ。大学の「ドイツ語会話」で「不可」を取ったことを思い出した。彼は英語を交えて喋ってくれたのかもしれない。

2時間遅れるとなると、今日の予定に影響が出る。09：40にパリ東駅に着いたら、タクシーでオペラ座通りのホテルに向かい、荷物を預けて休憩し、チェックインまでの間、ルーブル美術館を参観することにしている。そのルーブルの予約が12時からになっているのだ。予約票を取り出して注記を読むと、「指定時刻に遅れると、予約は無効となるが、入館券の効果は失わない」と書いてある。まあ、何とかなるということだ。

（写真6-24）フランスの農村風景

それより、早くも朝食が届けられたが、今朝はゆっくり、よりゆっくり朝食を摂ることができることになった。車窓に、フランスの農地が広がっている。ポーランドのものよりは狭く、緩やかな傾斜が小高い丘に続いている（写真6－24）。牧草地かも知れない。丘のふもとに可愛らしい村落が現れた。白い壁の集落の中心に、教会の尖塔が見える。写真を撮りたいが、突然の出現ではカメラを構える暇もない。遅れを取り戻すとでもいうように列車は快調に走っている。

予定になかった地方都市の中央駅を徐行で通過する。「メッツ」、「ナンシー」、まさに紆余曲折の経路を採る。この辺り鉄道線路網が緻密に発達しているので、こういうことができるし、ありうるのだ。これらの通過駅名に往年の名画「大列車作戦」を思い出した。第二次大戦末期、崩壊して撤退するナチス軍が接収した美術品をドイツに持ち去るのを防ぐために、抵抗運動の鉄道労働者が、美術品専用貨物列車をぐるぐる迂回運行させて越境を防ぐ話である。我らがTEEもまさにそのルートを通って、本来のパリ東駅への道に戻ろうとしているのだ。

（写真6-25）パリ東駅のコンコース

10：20、突然、「あと10分で終着」のアナウンスがある。「車内アナウンスがチャンとあるじゃないか。それならなぜ、昨夜来の臨時運行変更のアナウンスをしないのだ」と、怒っている暇はない。大急ぎで下車の準備をする。40時間寛いだ車室はそれなりに散らかっていて、忘れ物がないように、結構慎重を要する。結局、パリ東駅到着は55分の遅れであった（写真6‐25）。これなら、ルーブルの予約時刻には間に合うであろう。

パリは美術館、おまけのマレ地区散策

勝手知ったるパリは

パリの都心周辺部は交通渋滞が激しいので、オペラ座通り脇のホテルに着いたのは、11時を過ぎていた。荷物をフロントの横の柵の中に預けて、トイレで装いを整え歩いてルーブル美術館に向かった。久しぶりのパリに胸が躍る。オペラ座通りは相変わらず多国籍の賑わいがあるが、先を急ぐ我らには、それを楽しむ余裕はない。名古屋の旅行社からアドバイスを受けていたチュイルリー・パサージュの予約入り口に着いたのは11：50であったが、直ちに入場することができた。中央地下口の当日券発券所や入場口には、末尾の見えないほどの長蛇の待ち行列があった。

3時間半、間に20分の昼食をはさんで、モナ・リザやミロのヴィーナスなど有名な絵画・彫刻を選択的に見て回る。広い館内は時間よりも体力勝負だ。私は一応二度目だが、つれあいは初めてだから彼女の注文に応じて歩き回る。フェルメールの絵があるはずのリシュリュー翼2

階は木曜日休館で、テープ柵で閉鎖されていた。乗り越えても入れると足を上げたら、遠くから監視員に叱られた。15：40、体力的にも限界と、館を出てチュイルリー庭園を眺めてホテルに歩いて帰った。オペラ座通りよりも、細い道を真すぐ北上する近道があることは後で認識した。

ホテルでは、50年来パリ在住の日本人画家の知人が待っていてくれた。彼女は私が函館の中学校にいた時の同級生で、すっかり忘れていたが10年ほど前に帰国凱旋個展が名古屋であった時に偶然会ってからメールを交換していた人だ。つれあいを交えてホテルのロビーで旧交を温める。ついでに今夕のための、日本食レストランを尋ねると、近くの日本食品店で尋ねるように教えてくれた。パリに詳しい日本人なら誰でも知っている店だそうだ。紹介された「松田」という店で、つれあいは「上寿司」を、私は湯豆腐と玉子焼きを食べた。腹が緩くても安心して食欲を満たせる日本食が嬉しい。

翌日（6／7金）はこの旅の最終日。始めは、二人とも行ったことのない有名な観光地「モンサンミッシェル」か、逆にアルザスの街並みと斬新なLRTを見に「ストラスブール」に行って来ようかと考えた。しかし、前者は日帰りが相当厳しいし、後者はTGVが走るようになったから時間的には可能だが、今朝来た道を戻ることになる。また、日仏交換教授でパリ大学に居たことのある友人が、「マレ地区を知らずして、パリの街を見たと思うな」と言うのも気になっていた。件《くだん》の知人絵描きが「そんな体調で、遠出は正気の沙汰ではない」と言うのを潮に、午前中は「オランジュリー美術館」、午後は「マレ地区」で昼食と街中散策ということにした。

パリの美術館は、最初の機会（1975）に仲間と「印象派美術館」を見た。この美術館が今は分かれて「オルセー美術館」と「オランジュリー美術館」になったと心得ている。つれあいと一緒の27年前にはその「オルセー美術館」を見た。昨日、念願の大物「ルーブル」を見たから、残るは「オランジュリー」だけだった。それに、最近妙にこの館の「モネの部屋」が話題になる。結論として、「モネの部屋」もさることながら、ルノアールやセザンヌなど印象派はこの館が一番佳いと思った。ユトリロもあった。つれあいはフェルメールに凝っているが、私は街の絵を見るのが好きだ。そういえば、昨日会った知人絵描きももっぱら街の絵を描く。

マレ地区散策

マレ地区の入り口は、バスチーユ広場である。地下鉄を降りると前から気になっていた「サン・マルタン運河」の情景が眼前にあった。埋められて並木道になり残り少なくなった運河、そしてそこに浮かぶ艀やランチの姿を写真に撮った。広場の前に「ラ・フランセーズ」というカフェがあった。この旅随一の豪勢な昼食を摂って（写真6-26）、サン・アントン通りをボージュ広場に向かう。軒高の綺麗に揃った街並みは大変気分が良い。フランス国歌「ラ・マルセエーズ」が鼻歌となって口をつく。フランス革命はここ、バスチーユ監獄襲撃から始まったはずだ。

ボージュ広場を囲う赤壁に白漆喰の建物が美しい（写真6―27）。その一角はビクトル・ユーゴー博物館だという。そこから西へ延びる狭い石畳の歩道が続く通りは、とくに何があるというわけではないが、沿道のブティックや本屋などの佇まいに文化的な高級さを感じる。菓子屋やパン屋、果物屋、そして花屋の店先にセンスの佳さが見える。行き交う人は学生や若い人が多いが、落ち着いた町である（写真6―28）。この通りの名を控えてきて辞書を引いた

（写真6-26）パリの豪華な昼食（バスチーユ広場に面して）

（写真6-27）ボージュ広場の赤壁

（写真6-28）マレ地区の雰囲気を満喫

ら「素直なブルジョア通り」となる。宜《むべ》なるかなである。

西に進んで、ポンピドー・センター辺りまで来ると、雑踏となり民族混交の度が進む。フォーラム・デ・アールから地下鉄に乗ってホテルに帰った。明日は、7：00のバスで、シャルル・ドゴール国際空港に向かう。マレ地区を進めてくれたパリ通の友人の見識に感謝しつつ、ホテル周辺の小路とパサージュを散策して欧州最後の夜を過ごした。

あとがき

「列車紀行」などと銘打ちながら、我が「阿房列車」は、だらだらと長く続くが欠点である。しかも今回は、本文の脱稿と新型コロナウィルス感染症のパンデミックが重なってしまった。どこがどう繋がるのか、出版社はおおいに忙しくなったらしく、一向に版組に取り掛かってくれない。じりじりするうちに出版の話をしてから早2年を経ようとしている。

この間、草稿の推敲を重ねるうちに、ロシアのウクライナ侵攻という大事件まで起こってしまった。「欧州横断急行（TEE）」はウクライナを通りはしなかったが、ベラルーシの国境駅で兵士に銃を突き付けられた時の緊張感をまざまざと思いだす。「ロシアはソ連時代の総括をせずに、『ロシア帝国』を蘇らせてしまったのではないか」の感を改めて強めている。

「あとがき」なんぞ、出版関係者に謝辞を示して短く終われば余韻を残して麗しいものを、2冊目の刊行となった我が本に次があるとも思えないから、「余禄」として、「乗り鉄」筆者の生い立ちと「列車阿房」誕生の経緯をここに綴って、立つ鳥の跡を濁す。

（二〇二三年五月）

【余録】「列車阿房」誕生の経緯

序　生いたち

私は1944年に知多半島の横須賀町加木屋の母の実家で生まれ、半田市成岩の父の実家で戦争末期、終戦直後を育ち、5歳で名古屋市港区に転居した。終戦後の進駐軍のジープが走り回る被占領地区に隣接する、父の勤め先の工場にほど近い新築の社宅であった。惣領孫の私は名古屋に移り住んだその日から、折に触れて半田（成岩）に、名鉄河和線と名古屋市電を乗り継いで帰省する宿命を背負ったことになる。

子供は誰しも乗り物が好きだ。大人に「大きくなったら何になりたい？」ときかれると、皆「機関車の運転士」と答えたものである。私は「駅長さんになりたい」と答えて、伯父に「変な奴」呼ばわりされた。どうも子供の頃から電車や機関車を見るより、「乗る」ことの方が好きだったようだ。「鉄ちゃん」の幾つかの流派で言えば「乗り鉄」であり、時刻表を読むことが大好きだから同好会で言う「スジ・マニア」ということになる。ここで「スジ（筋）」とは、列車運行時刻表の基になる線図、「ダイヤ（グラム）」のことである。そしてその究極の楽しみは、列車紀行をものすることだと私は思う。鉄道好きの趣味を一生の伴として生きていくことになった、その経緯を以下に述べておこう。

1、小学生が一人で乗る名古屋市電

1950年7月に名鉄神宮前における常滑線の名古屋本線直通が始まるまでは、名鉄常滑・河和線の名古屋の港地区への玄関口は神宮前駅（西駅）だった。私の住処の最寄りの市電停留所は「築三町」、「築地口」まで歩くと「熱田駅前」に繋がる築港線に乗ることができた。名鉄の「神宮前」西駅まで熱田神宮の東側に沿って歩く。通りの東側は名立たる戦後の歓楽飲食街で、小学校就学前の子供を歩かせる親の気持ちはどんなだったろうか。

2年生になった頃、初めて一人で市電に乗った。同級だった桜木君が転校し、「七里の渡し」の隣に住むことになって、「最寄停留所の『白鳥橋』まで迎えに行くから遊びに来い」と言う。一人で出掛けたところが、「白鳥橋」に降りても桜木君は来ていない。仕方がないから地図の記憶と住所を頼りに、彼の家を探して行った。家は見付かったが留守だった。がっかりして疲れた足を引きずり電停に戻ると、そこには母が待っていた。思わず泣けてきたのは、いまでも少し癪な思い出である。私が家を出た後に、桜木君から「その日は急に用ができて、留守にする」と葉書が届いたのだ。

3年生の時には、母の実家から祖父に連れられて名鉄に乗り、祖父とは「神宮前」で別れて一人で件《くだん》の市電に乗った。降りる時、財布を落としたことに気付いた。ずいぶん逡巡した揚げ句、泣きべそで運転士さんに事情を話した。彼はこともなく「そりゃ大変だ。運賃はこの次に払えばよい。降りたら交番に届けな。」と言ってのけた。大人の世界は意外にやさしく、好い加減なものだと思った。築地口から家までは中川運河の土手を歩いて帰った。

こんな経験が重なると、もう電車に乗ることなぞ、ちっとも怖くはない。また、小学校の遠足で、「大手橋」から「中村公園」まで貸し切り電車で行くことがあった。車輪が4輪しかない、走ると前後に首を振る、いわゆる「単車」の連行運行だったことを覚えている。臨時運行で、どの路線を経由したのかは覚えていないが、交差点で異例の転回のために、運転士が降りて行ってレールに金棒を突っ込み、ポイントの転換をしたのが感動的だった。電車って素晴らしい、楽しいものだと心躍った。

2、名鉄電車の思い出は帰省行と共に

じじばばの農作業に付き合うべく、一人で成岩に通うようになった。その頃、常滑・河和線は名古屋本線から直通するようになっていたから、市電で「金山橋」に出て名鉄に乗った。54年7月に沢上の跨線橋ができるまで、八熊東線の路面電車は大津通りの「金山」から名鉄「金山橋」駅前の坂道を下って、波寄商店街を沢下町に抜ける経路を辿っていた。名古屋の電車しか知らない子供の眼には、この急坂の線路は相当異様に映ったものである。

「築地口」から真っすぐ北上する野立築地口線の線路の沿線には港車庫があって、廃車待ち（港まつりの花電車に改装されるらしかった）の単車の群れが見えて楽しかったが、もっと北の沿線両側には戦災跡（焼けて鉄骨だけになった工場棟や荒れ地の爆撃跡の穴など）が何時までも残り、恐ろしい思いをした。私の反戦・平和思想の原点である。

名鉄常滑・河和線の電車は緑色塗装がほとんどで、戦前からあるいは戦中に苦労して製作された車輌が多かったと思われるが、市電に比べれば格段にスピード感があって、電車の先頭に立って興奮した。「名和」駅南の急カーブで、急行運転でも速度を抑えねばならないのが残念で、運転士が気の毒だった。「植大」の手前で、大した登りでもないのに速度が落ちるのが気になっていたが、それは送電容量の不足の為だと知るのは、ずっと後の事である。

夏休みの某日、祖母に付き添われて幼馴染たちと知多の海（衣浦湾側）へ海水浴に行った。「成岩」から電車に乗って「富貴」か「河和口」で降りたと思う。先頭車の先頭に立っていると、下端が少し開けてある前面窓から猛烈な風が入り息ができないほどであった。線路の両側には灌木の林が迫り、痩せたバラストと木の枕木の上を走るレールには微妙な揺らぎが感じられて、少し速度を出し過ぎではと心配になったものだ。運転台は左端にあって、先端まで乗客が立てたのは、古い木造の車輌であったと記憶している。

3、東京から名古屋まで、称呼し続けた各駅停車の駅名

小学4、5年生の頃、妹や弟も大きくなって、私の家族は下呂や熱海に家族旅行に行くことがあった。朝鮮特需で景気も回復し、大手企業の技術者だった父の愛読誌は「週刊朝日」、連載漫画「ブロンディ」を眺めつつ「こんな裕福なアメリカと戦争したのか」が口癖だった。もちろん国鉄を使った鉄道旅行で父が連れて行く。父が作った旅程を時刻表を用いて再確認することが私の役目だった。そ

れ以来、交通公社の時刻表が私の愛読書になった。
そして4年生の夏休み（1954）、自力で鉄道旅行をする機会が訪れる。前の年、夭折した祖母（母の母）の葬儀などで修学旅行に行けなかった高校生の叔母（母の妹）に東京旅行の機会を与えようということで、この夏帰省した叔母（上記の叔母とは別、母は10人姉妹弟だった）が実家に預け残して居た幼児を川崎に送っていく役目が件の叔母に託された。その若い叔母は一人で行くのは心許ないというので、当時姉弟のようにして育っていた「時刻表読み」の私が付き添いに選ばれたわけである。行程は私の気儘に計画することが許された。役目が役目だけに国鉄の「急行」に乗ってよいことになった。東海道本線は前年に浜松・名古屋間の電化が完成しており、準急「東海」の運転は未だなかったが、急行なら東京まで6時間を切っていた。
09：50、頼りになる大人の誰かに名古屋駅まで送って貰って、赤子連れの女子高校生と、マセ餓鬼4年生の列車の旅が始まった。急行「雲仙」には食堂車も連結していて、いってみたいのは山々なれど、赤子連れでは望むべくもない。二人の弁当と幼児の哺乳瓶は、私の母が用意したのだろうか。由比の海景の美しさ（当然、東名高速道路は未だない）と、根府川橋梁の上で吹く涼風は記憶に残っている。
15：06、横浜駅のホームには、この幼児の父親（叔父）が迎えに出ていた。高校生の叔母が幼児を抱いてデッキを降りたとたん、叔父が「おー、おー、淳坊、淳坊」と言って、赤子を奪い取り、さっさと歩きだした。高校生の叔母が「なんと！ご苦労さんぐらい言えないのか」と呻いた。東横線で

「新丸子」まで行って、叔母の待つ社宅アパートに着いた。鉄筋コンクリート造のフラットに入るのは初めてであった。

帰りは幼児はいないから急行には乗れない。それに私は東海道本線の各駅をじっくり眺めて帰りたい。渋る叔母を引っ張って、東京08：20発の京都行普通に乗った。各駅停車というが、藤沢から湯河原の間では幾つか通過する駅がある。それでも、新橋、品川、横浜、大船と、常々時刻表を眺めて夢見た駅の佇まいが目の前にある。当時ＮＨＫラジオで放送中のアチャコのドラマ「お父さんはお人好し」の大家族の子供の名が、この東海道線の駅名順に由来していることに気が付いた。嬉しくなって、停車駅名を車掌に倣って口に出してみた。「次の駅は、おおふな～」というように。車窓に街影が消え、ノンビリした雰囲気が漂う頃、声は愈々大きくなって、車内に響くようになった。叔母は、「あんな恥ずかしいことはなかった！」と、年老いた今日でも言っている。この、駅名称呼は17：17、「名古屋」に着くまで続いた。その頃、東海道本線の駅名を諳《そら》んじていることが私の自慢だったのである。

この若き叔母については、もう一件エピソードがある。私が中学生で熊本に住んでいた頃、この叔母が結婚することになって、新婚旅行先を九州に決め、その旅行計画の立案を、当時私設交通公社を自任していた私に依頼してきた。旅程の一部で、我家に泊まった彼女曰く、「もう大変な旅程！列車の乗り継ぎばかりで、ゆとりも雰囲気もあったものじゃない。『伝ちゃん』なんかに頼むんじゃなかった」。当たり前である。13歳の男子に新婚旅行の何たるか、が解るはずがない。

4、父の転勤に伴う大旅行…特急「つばめ」の「特2」と急行「阿蘇」の寝台車

1956年4月、父が熊本の工場に転勤になった。「単身赴任」などという概念もなかった時代で、父母の老親（といっても60代だったろう）達を郷里に残し、家族揃って引っ越した。もちろん引っ越し業者などないし、段ボールの箱すらなかったから、会社の工作の人が作ってくれたリンゴ箱様の上質の木箱に食器や小間物を詰め、家具は梱包して、会社出入りの「日通」が国鉄の貨車貸しを利用して運送した。沢山のリンゴ箱にコード番号を付して内容物の一覧表を作り、到着時の開梱の迅速化に備えるのが小学6年になる私の任務だった。

家族の名古屋出立は特急「つばめ」だった。大阪で母の叔父夫婦に会って、翌日の夕、熊本行き寝台急行「阿蘇」に乗る。「阿蘇」は東京発だから名古屋から直接乗れるのだが、多分、会社関係者や親戚の見送りを意識したのだろう。「つばめ」は「名古屋」を13：55の発車だが、「阿蘇」は16：00で少し遅くなってしまう。東海道本線の全線電化完成はこの年の11月だから、この時は「名古屋」で機関車の取り換えをしていたのだと思う。展望車や食堂車も連結していたが、私には、50年から連結が開始された特別2等車（特2）が関心の的であった。

家族揃って指定の「特2」に乗車。1等車は最後尾の展望車だけで、それは進駐軍の将校が乗るものと思われていたし、特急の2等車は全て白いシーツのリクライニングシートの「特2」であった。名古屋駅のホームには、多くの会社関係者と、母の父親や弟妹が見送りに来ていた。賑やかな見送り

を受けながら、祖父に手を振って涙ぐむ母の姿を見て、別離とはそんなものかと思った。

寝台急行「阿蘇」の大阪発は19：20、寝台車は乗り込むと、もう寝台がセットしてあった。ロングシート風に両側車窓に沿って2段ベッドが配置された「2等寝台C」というタイプであった。もちろん、寝台の幅はロングシートよりもずっと広く、子供が横掛けすれば足は床に届かない。そこにカーテンが懸けてあり、両側のカーテンの間は通路と言うより、細長いホールのようだ。5人家族で、多分3つのベッドを使って行ったのだと思う。妹弟は父母と一緒で下段、私のみ上段ベッドであった。

車輛端にある洗面所で歯を磨き顔を洗って、「神戸」を出る頃にはベッドに潜りこんだ。もっとも、子供とはいえ20時は眠るにはまだ早い。初の夜行寝台にはしゃいで容易に寝付けなかったことは想像に難くないが、設営済みの寝台車の、濃緑色のカーテンで囲まれた荘重かつ森閑とした雰囲気は、子供の気儘な振る舞いを抑制するに十分であった。多分ベッドに昇って読書灯など様々な設備を点検し、時刻表と首っ引きである。「明石」、「加古川」、「姫路」と停車する駅の名を追っていたものと思われる。

下り急行「阿蘇」は早朝6時過ぎに関門トンネルを潜る。「下関」では是非起きて、九州初上陸の瞬間を確認しようと思っていたが、目が覚めた時、列車はもう門司の市街地を走っていた。急行「阿蘇」は、「折尾」の側線を通過して左折、筑豊本線を走る。当時は未だ陰りの出始め（もちろん私はそのことを知る由もないが）の炭鉱地帯は雨の中であった。生まれて初めての食堂車で「朝定食」というのを家族そろって食べた。車窓には白いレースのカーテンを通して、霧雨にくすんだ小さな富士山様のボタ山が見えた。それは、今見る草木が生えた若草色の山と違って、言われれば直ぐそれと判る黒ずんだボタ山だった。列車は、「原田《はるだ》」(08：21)で鹿児島本線に復し、10：35、「熊本」に終着。この日は、父の会社の保養所がある日奈久温泉に泊まった。我らが新居と父の新しい勤め先は、八代の北2つ目の駅「有佐」から2、3㎞海岸側の鏡町に在った。今は八代市になっている。

5、夜行列車の中学生一人旅、熊本 - 名古屋往復

「諫早水害」の中、夜行急行「天草」は玉名発

私の熊本在住は小学6年と中学1年の2年間。この間に夏休みと正月休みの3回、名古屋へ帰省した。その内で2度、一人で熊本と名古屋を往き来した。一度目は復路で名古屋から熊本へ、二度目は逆に往路の熊本から名古屋である。これらの一人旅を語る前に、この一度目の旅の往路の記憶に触れておきたい。父に連れられて、「3等寝台」に乗った時の事である。京都から名古屋までは妹と二人で行った。

この時(1957年7月の末)は出発時、後に「諫早水害」と呼ばれる豪雨災害に熊本県下も罹災し、急行「天草」は玉名仕立てとなったため、玉名まで貸切りバスで行った。今思うに、父は工場の野球チームを率いて大阪で開催された社内野球大会に行く途上、子供達を同伴したもののようだ。鹿児島本線は緑川、白川、菊池川といった大河川の下流部を渡るのだが、これらの川が増水して鉄道が運行できなくなった。所定の日時までに大阪に行かなくてはならない父の一行は、会社でバスを借り

て、急行「天草」が折り返し運転となる菊池川北岸の玉名駅まで、豪雨の中を強行突破したものと思われる。

国道は川の中流部を渡っているから開通していたのだが、熊本市街を北東に回り込んだ辺りでは、中小河川の氾濫もあって、さらに迂回を強いられ、南関（『なんかん』と読む）という町を通った。雨中に車窓を眺めて、「ここは『植木』だ。西南戦争の『田原坂』はこの近くだ」と大人たちが話していたのを覚えている。

急行「天草」は前年の白紙ダイヤ改正で新設された熊本・京都間の夜行列車で、8両の客車と6両の荷物車を繋いだ混成列車ともいえる編成であり、由緒ある急行「阿蘇」と比して相当見劣りのする新参急行である。「特2」「2等座席」「3等寝台」が各1の他は全部「3等座席」車であった。前夜の運行が「玉名」で打ち切りになり、折り返し運行に備えていたこの「天草」が豪雨の中、定刻に発車したか否かは記憶にない。定刻ならば、17：16である。子供も対向式3段ベッドの「3等寝台」に乗せて貰うことができた。

この列車は鹿児島本線を走る。「博多」は19：06着の同10分発、食堂車は連結されていない。これまでの名古屋・熊本往復は筑豊本線経由の「阿蘇」だったから、福岡の街を見るのは初めてだった。しかし、印象深かったのは福岡よりも八幡で、夜の20時過ぎ、左手車窓に八幡製鉄の溶鉱炉の火が燃え上がるのが見えた。気が付いた時には列車は走り過ぎていて、八幡か戸畑か判らない。この情景が、少年期の時代の象徴として強烈に記憶に残るのは、この年の年末の一人旅の時のことである。

災害迂回ルートで阿蘇を越える

夏休みが終わり、私は一人で名古屋から熊本に帰ることになった。しかし、「諫早水害」の後遺症は続いており、不通区間が残っていた。菊池川の水害が酷かった鹿児島本線の鳥栖・熊本間も運休の可能性があった。初めての夜行一人旅であったが、私は小倉から日豊本線に乗り換え、大分から豊肥本線経由で阿蘇を越えて熊本に帰ることにした。子供の旅では、寝台はおろか座席指定も「贅沢」と言われる時代だったから3等車の自由席で、時刻表を捏《こ》ね繰《く》り回しつつ、気楽と言えばいえた。

具体的にどの列車に乗ったのかは記録を残して居ないし、少年期の記憶とはいえ断片的であるから、判らないことが多い。しかし、当時の時刻表を見れば、おおよその糸を手繰ることはできる。なによりも豊肥本線の列車本数は多くないのである。「有佐」の駅に着いた時は夏の日もとっぷり暮れていたことを思い出す。とすれば、豊肥本線は「熊本」に18：14に着く726列車だ。問題は東海道・山陽本線の夜行急行列車で、候補は幾つもある。日豊線に東京から直行する急行「高千穂」があるが、「小倉」で乗り換えた記憶がある。40年も後になって仕事で小倉に行く機会があったが、その時思い出した。とすれば、夜行列車は乗り慣れた急行「阿蘇」の自由席を使ったのであろう。「名古屋」を16：00に乗ると、翌早朝06：34に「小倉」に着く。日豊線は06：57発の各駅停車515列車、西鹿児島行き。11：28に大分について、13：15発の豊肥本線に乗り換える。「有佐」着は、19：15。両親のどちらかが出迎えてくれたのかどうか。ただ親父に「よくやった。おまえ、たいしたものだよ」と言われて、嬉しかったことは今でも覚えている。

高度経済成長の証し、溶鉱炉の火炎

二度目の夜行列車一人旅は、この年（1957）の年末、クリスマスイブだった。例によって「熊本」始発の夜行急行「天草」に乗った。16：40の発車時刻のずっと前から、熊本駅のホームに並んで列車の入線を待った。その甲斐あって、一人で3等ボックス席を占拠して、進行方向の席に座ることができた。しかし日暮れてすぐ女の子を連れた小母さんが乗ってきて私の前に座った。夜になったら座席をずらしてボックスを占拠して横になろうと考えていたから、少し残念に思った。でも、膝を折れば前向きのシートだけでも横になれる。その頃、私は背の低い方だった。

晩飯は、母が作ってくれた弁当を食べた。向いの親子（あるいは婆孫か）も手作り持参の弁当を開いている。こんな時、何時弁当を始めるかが難しいと思った。待ち切れず弁当を開けたら、向うも弁当包みを取り出した。弁当を終わって、列車が折尾を過ぎる辺り、私には気にしていることがあった。夏には垣間見ただけの八幡製鉄の溶鉱炉の火である。20時前後、冬の夜の車窓はもう十分に暗い。そこに突然、メラメラと炎を吹上げる溶鉱炉群が見えた。圧倒的な感動である。「高度経済成長」という言葉は未だ知らなかったが、「明日に向かって未来が開ける」時代のシンボルだと思った。愛読していた手塚治虫の「鉄腕アトム」に描かれる世界は、夢ではないと思った。時はまさに「高度成長期」と呼ばれる時代の鳥羽口であった。もっとも、この夕方通ってきた「大牟田」の背後には、1年余りの後に勃発する三井三池の炭鉱閉山に伴う大労働争議の芽が燻ぶっていることなど知る由もない。

今夜はXマス・イブ。この夜景は正にそれに相応しい。「すごいですね！」と言って向いを見ると、親子は共に居眠りをしている。肩透かしを食った思いで、私も横になり眠ることにした。20：40、列車は関門トンネルに入った。今回は海底トンネル通過を確認できたが、何の景色もあるわけではない。はっと目が覚めると、向いの小母さんは子供を凭れ掛らせて漆黒の窓を眺めている。随分寝たと思った。「ああ～、良く寝た」と生意気を言って起き上がり時計を見ると、未だ12時前だった。列車は深更の山陽路をひた走っている。小母さんが「一人で旅をしているの？中学生？」と話しかけてきた。先程からこの問いを予期して、用意の答えを一気にまくしたてた。自分が如何に鉄道旅のベテランで、中学生でも夜行列車の一人旅などドーと言うことはない、ということを。小母さんは「そおお」と、そっけない答え。この時の小賢しい餓鬼の己は、60年余りたった今も汗顔の思いである。

6、幾度の東北縦横断行、函館 - 名古屋往復

東北の夜行列車と「東京温泉」

中学2年の時、父が熊本から函館に転勤になった（1959年）。その中学3年から函館ラサール高校の卒業までの4年間、函館に住んで名古屋と函館を行き来する生活を送ることになった。父母の名代として半田の祖父母のご機嫌伺いに参じるのである。この間には、1959年9月26日の伊勢湾台風災害があって、祖父母の家も浸水被害を受けたのだが、この時は一時連絡が途絶し交通機関も麻痺

したので、遠隔の地から焦慮の日々を送ったものである。

函館から名古屋への列車の旅の順当コースは、午後の連絡船に乗り、東北本線を夜行列車で過ごし、早朝、上野から東京に出て「東京温泉」で朝風呂をつかい、午前中3本も走っていた電車準急「東海」に乗れば、昼過ぎには名古屋に着けた。途中、浜松の2分間停車で買う駅弁の「うなぎ飯」(150円)が唯一の贅沢だった。電車準急「東海」は、新造電車によるビジネス特急「こだま」と共に58年11月から運行が開始されていたもので、東京・名古屋間を5時間半で走った。特急「こだま」なら4時間強と速いのだが、特急料金の600円は高校生には高く思われた。準急なら100円である。

東北の夜行急行はもちろん2等座席のボックスである(1960年、列車等級の1等が廃止され、従来の2、3等が1、2等になった)。東北本線の夜行急行列車は常磐線経由も含めれば「いわて」「北斗」「十和田」「北上」「八甲田」と沢山あって、「北斗」「北上」は寝台専用列車だから、高校生は使わない。17:25青森発の「いわて」を使うことが多かった。これに接続する連絡船は12:20函館発で17:00に青森着、就航船舶は「羊蹄丸」「摩周丸」「大雪丸」「十和田丸」の4隻があって、「十和田丸」だけが6000トン級の新造船(他は4000t級)だったが、所要時間はどの船も4時間40分で同じである。船室は寝台も1等指定席もあるのだが、私は常に2等の雑魚寝席(正式には何と呼ぶのだろう)だった。海峡が荒れた時など、雑魚寝席の方が勝手に揺れの少ない位置を確保することができる。好天静海ならば、ほとんど甲板に出て遠ざかっていく函館山や、竜飛岬の遠望を眺めることができる。この頃には、この竜飛岬の下に青函海底トンネルが走るなぞ想像すらしなかった。ましてや後年（1989）、我が娘たちを連れて、この竜飛岬の斜坑から海底トンネルに入り、北海道側の吉岡斜坑まで歩いて渡る（土木学会の「青函ウォーク」という企画）ことになろうとは。連絡船が函館桟橋を離れるときの銅鑼の音と「蛍の光」の演奏、そして見送りの人々との間に揺らめく五色のテープの思い出は一生消えることはない。

急行「いわて」は常磐線経由で上野着が06：54とちょっと早い。急行「十和田」は東北本線経由で青森21：00発、この正時発というのが「いわて」より上級列車感がある。しかし、接続の15：30函館発の連絡船は青森着が20：10で、乗り継ぎ時間があり過ぎる。

「津軽海峡冬景色」の原体験

逆に函館に戻る時の印象深い思い出は、上野駅のホーム上の待ち行列である。青森で列車に乗るときは、連絡船を降りて桟橋に続く日本で一番長いホームを、既に入線している列車目掛けて急ぎ足に歩くから、並ぶことはしない。一方、上野駅ではすべての列車が始発で、夜の夜行列車ラッシュの入線時刻は発車の2、30分前である。寝ていくには是非座席を確保したいから、列車入線の相当前からホームの軒下に架かっている標示に従って、各デッキの停車位置に並ぶ。ホームに座り込んで一杯始めるグループ客も多い。なにせ発車してしまえば成りゆきに任せて眠るだけだ。何度も経験を重ねると、どのあたりの車輌が一番空いているか判るようになる。大抵はホームの先（青森寄り）の方が空いていて、そこの行列の前の方に並べば、あわよくば座席を二人分占拠して寝ていける。しかし、そこには若い女の子の一行はまず来ない。席の確保か女の子の連れか、これは絶対的矛盾である。女の子達を口説いて引っ張って来るだけの度胸はない。私は男子校生であった。

ある冬の夜、深夜4分停車の「原ノ町」のホームに降りて、ホームの先頭に行ってみると、一面の銀世界の中に構内探照灯が輝き、蒸気機関車が蒸気を巻き上げていた。力強い牽引の意志を感じる、まさに絵のような情景であった。雪景色と言えば、上にも述べた青森駅の長いホームに吹きすさぶ地吹雪が記憶にある。乗客は皆、マフラーで頭を覆い、足早に桟橋に向かう。もちろん会話は不可能で、みな無口である。出港した連絡船が海峡部に近づくと、不思議に空が晴れて、くすんだ濃紺の地に白銀が映える竜飛岬が見えた。後に1977年、石川さゆりが唄った「津軽海峡　冬景色」の歌詞は、私には見慣れた情景であったが、それでも歌唱を聞くと無性に嬉しかったものである。あれからカラオケ好きになったと言ったら言い過ぎであろうか。函館の桟橋駅に着くと、地元の家族が長靴をもって迎えに来ている情景をよく目にした。

東北の国鉄を乗り尽くす

何度も名古屋・函館を往復していると、いつも東北本線と常磐線で南北に通過しているだけでは詰らないと思うようになった。東北地方を横断する線に乗ってやろうというわけだ。一番北の横断路線は花輪線だが、これは函館の中学校の修学旅行で行った（鉄道には乗らなかった）ことがあるので、次の横断路線、横黒線に乗ることを考えた。奥羽本線の「横手」と東北本線の「北上」を結んでいる。北上の町は往時「黒沢尻」と呼ばれたので、線名にはこの頃も「黒」の名が残っていた（今は「北上線」という）。

深夜の青函連絡船で函館を発ったのであろう。夏の暑い日だった。秋田を経由して横手12：00発の普通列車に乗った。ボックス席を一人で占拠し、窓を全開にして奥羽山脈の山々と渓谷（和賀川というらしい）を眺めていると、不覚にも居眠りを始めてしまった。と、列車が渓谷を渡る刹那、南側の車窓から一抹の涼風が顔を洗い、目が覚めた。この感動の心地好さは半世紀経った後も忘れられず、5年ほど前（2015）、横手の伝統的建造物群保存地区の増田地区を訪ねた折、逆コースで再度乗ってみた。単車の気動車で軽々と山越え谷越え、軽薄で味気なかった。

逆に、東から西へ横断したのは仙山線である。これも夏の暑い日、「仙台」から乗って、「山寺」で降り、立石寺に登った。奥の院まで走って上ったのは、「さすが高校生！」の思い出である。高校時代、国語の谷口巌先生に傾倒していたから、「奥の細道」の句碑を訪ね歩いたのだろう。しかし、「閑かさや岩にしみ入る蝉の声」の句碑よりも、初めて食べた芋の形をしたコンニャクの方が印象に残っている。

7、列車紀行の執筆癖、始まる

大学に入ると鉄道旅行の機会が増えたせいか、個々の旅の記憶が愈々曖昧になる。1963年初春の頃、名古屋大学の入学試験受験のため名古屋に向かうことになった。どうしたことか、高山本線で名古屋入りしたことを覚えている。この年は1月11日に、後々まで「三八豪雪」と言い伝えられる大雪があって、北陸・上信越線等が雪害で不通になった。2月18日に復旧を見たとはいえ、何を好んでこんな時期に、しかも大学受験行という重要な旅行に、こんなルートを選んだものか、今となっては思い出せない。

「富山」09：46発の気動車準急「第2ひだ」（この頃は、金沢始発）に乗った時のどんよりと雲の立ち込めた北陸特有の陰鬱な車窓風景が思い出される。ところが、列車が「高山」を出て、宮峠のトンネルを潜ったとたん、青空が広がって冬の柔らかい日差しが降り注ぐ山間の風景に変わった。それは、来週に控える入試の幸先の好さを暗示しているようで、とても明るい気持ちになった。函館の高校では進路指導する先生達は、ほとんど「名大」の名を知らなかった。「何故、『東大』を受けないのだ。浪人が嫌だったら、『東北大』か『北大』にしたら」との指導を、「故郷の『名大』は、『北大』より難関ですし、好い大学だと思います」と押し切ってやってきたのだが、それは正解だった、との確信も生まれた。逆に、日本海側の気候の陰鬱さを思い、「裏日本」と呼ばれることの意味を理解したのである。

この富山までの経路をどの途を辿ったのか覚えがない。慶応大学を受験した親友武藤某と一緒に青函連絡船に乗り、青森駅の喫茶コーナーで、ジンジャーエールを飲んで互いにエールの交換をしたことを覚えている。ジンジャーエールというものを、此処で初めて知ったから強烈な記憶となっているのだ。それは、この後、今度は名古屋の受験仲間と中央西線に乗って旅に出て、初めて飲んだコーラと並んで、私の青春の味覚の記憶である。

首尾よく大学に入ってからも、高校時代に修学旅行がなかったからと親に旅費をせびって、また旅費稼ぎのアルバイトをして、全国をよく歩き回った。そして、紀行文を書く楽しみを覚えた。私は、大学は理科系を専攻したが、高校時代は国語や歴史の先生に傾倒し、文科系の人間だと思われていた。化学屋だった父親の勧めで工学部に進み、入学時は電気・電子工学科に籍を置いたが、直ぐに土木工学科に転学科した。支離滅裂なようだが電車時代の鉄道に引かれ電気技術者を志し、鉄道の計画論にもっと興味を見出して土木計画学に転進した。そして趣味の物書きの表現ジャンルは列車紀行、となれば、「鉄道」を軸に私の方向転換は結構筋が通っていると言えるのではないか。

この全国の鉄道（主として国鉄）を乗り歩いた大学生の頃、私は列車紀行を著して、他人に読んでもらう楽しみを覚えた。まずは教養時代、理科系のクラスではあったが、文学青年気取りの友人と手書き・縦書きのガリ版印刷でクラス同人誌「テクニケル」（1963.12.16.発行）を発行し、そこに「帰省行（其の1）」を発表した。上に述べた東北の夜行列車の旅を、途中で旧交を温めた高校時代の友との邂逅の事なども交えて綴ったものである。なにせ同級生素人のガリ版キリだから、文字数を減らすために、妙に漢字が多い。

つぎは、工学部土木工学科に進級して、その学科同窓会誌「しゃち」。3期生の私が登場するのは、その4号（1965・3）である。こちらは、ガリ版印刷ではあるが、和文タイプで打ってある。その頃学科事務室には、アルバイトでタイプを打ってくれる人がいた。印刷は本職の印刷所である。拙稿は題して「峠雑感」。当時、夏目漱石に凝っていた私は、語句、文体共に漱石を真似ようとして、衒《てら》いと気取りが随分鼻につく。その名残りと臭いは今に残ると「つれあい」は言うのだが。

こうして私は、鉄道好きになり、列車の旅を重ね、列車紀行を趣味とする「列車阿房」に成ったのである。

２０２２年11月22日（78歳の誕生日）記

［著者略歴］

竹内 伝史（たけうち でんし）

1944年愛知県生まれ。69年名古屋大学大学院工学研究科（土木工学専攻）修士課程修了。同年運輸省（航空局）入省。70年名古屋大学工学部助手。84年中部大学工学部教授。97年岐阜大学地域科学部教授。2010年岐阜大学名誉教授。

国土審議会特別委員・中部地方交通審議会副委員長・名古屋市交通問題調査委員会会長、岐阜県都市計画審議会会長、財団法人中部空港調査会副専門委員長などを歴任。

【著書】『新・都市計画概論』『人と車、おりあいの道づくり』『地域学への招待』『異国阿房列車』『大都市圏空港「セントレア」構想の夢と現実』等

つれあいと行く異国《とつくに》阿房列車

2023年7月31日　第1刷発行　（定価はカバーに表示してあります）

著　者　　竹内　伝史

発行者　　山口　章

発行所　名古屋市中区大須 1-16-29
振替 00880-5-5616 電話 052-218-7808
http://www.fubaisha.com/
風媒社

＊印刷・製本／モリモト印刷

乱丁本・落丁本はお取り替えいたします。

ISBN978-4-8331-5448-2